KB175780

뒷부분의
하락사

뒷방의 한국사

조선왕조실록에서
챙기지 못한 이야기

김경훈 지음

페이퍼로드
paperroad

암기 과목의 대표 선수가 아닌 한국사,
서당 훈장의 월급은 얼마인지 알고 싶은 한국사

금세 잊어버릴 걸 밑줄을 쫙쫙 그어가며 역사 연대표를 암기한 기억이 있다. 내 기억으로 이튿날 기말고사 시험은 꽤 잘 치렀다. '역사' 과목은 어딜 가나 암기 과목의 대표 선수였는데 미리 외워봐야 소용없고 벼락치기가 딱 알맞았다.

역사라는 말은 꽤나 무게가 나가서 웬만한 저울로는 잴 수 없을 듯이 보인다. 또 평생 학문에 열중한 노(老) 역사학자의 주름만큼 역사의 골은 깊어서 시험 앞두고 벼락치기로 외우는 행위란 뭔가 죄를 짓는 것 같은 느낌이었다. 그래도 할 수 없다. 시험은 시험이니까.

그렇다면 아예 암기가 필요 없는 역사는 어떨까 하는 생각을 해본다. 그냥 읽는 것만으로도 흥미롭고 우리의 상상력을 맘껏 자극하는 시시콜콜한 이야기들이 구성하는 역사라면 애써 암기할 필요가 없지 않겠는가. 예컨대 '점잖은 양반의 상투 튼 머리는 한여름에 얼마나 땀으로 뒤범벅이었을까'라든가 '선비의 아내들은 남편의 바람기에 어떻게 복수를 했을까'와 같은 질문과 그에 대한 대답들. 역사가 재미있어질 필요도 있는 것이다.

게다가 여기에 의미 부여까지 해본다면 이런 시시콜콜한 삶들이야말로 진짜 생생한 역사라는 것이다. 고려 시대부터 조선 후기까지 무려 6백여 년 동안 많은 한국인들이 60일에 한 번씩 밤을 새서 놀았다는 이야기도 모른 채 그 시대를 제대로 알았다고 할 수 있을까. 아이들이 공부했다는 서당을 그저 마을 풍경으로만 아는 것과 그들의 책상 위에 어떤 교과서가 놓여 있었는지, 서당 훈장은 월급을 얼마나 받았는지를 아는 것은 확연히 다르지 않을까. 그래서 이 책은 그런 시시콜콜한 이야기만 모은 한국사가 되었다. 방대한 조선왕조실록조차 다루지 않은, 더군다나 '한 권으로 읽는' 조선왕조실록으로는 채울 수 없는 호기심들과 백성들의 삶을 기억하게 해주는 책이 필요하다고 생각한다. 깜깜한 밤에 손전등을 켜들고 어두운 방을 비추는 심정으로…….

물론 단편적인 이야기들의 한계는 여실하다. 배운 바가 더 있다면 1555년 삼월 삼짇날 아침에 한양 성문 밖 초가집에 살던 농부 모모 씨의 하루를 완벽하게 재생해보고 싶다. 긴 역사의 여기저기에 있는 단편들이 아니라 진짜 어느 하루를 산 민초의 삶을 현대인의 필터로 거르지 않은 사실들만으로 재현하고 싶다. 그들이 무엇에 기뻐하고 무엇에 절망했으며 어디를 보고 살았는지. 하지만 내게는 꿈일 뿐이다. 모르는 게 너무 많다.

하지만 이 책의 소재들을 찾아내고 추적하면서 즐거웠다. 이 책은 그 나름의 의미를 가진다고 믿었다. 비록 단편적이지만 삶의 비밀들을 조금 엿보았다는 느낌도 들었다. 이 책을 집어든 독자들이 그 즐거움을 함께 나눴으면 좋겠다. 우리 역사가 조금은 가볍게, 약간은 즐겁게 느껴졌으면 한다.

2004년 10월
김경훈

위화도 회군만큼이나 중요한 아내들의 복수심

'하늘 위의 베스트셀러'

인천 공항의 구내 서점에서 많이 팔리는 책을 소개하는 한 신문이 뽑은 기사의 제목이다. 외국으로 나가는 승객들이 가장 많이 찾는 책, 다시 말해 비행기에서 읽기 좋은 책으로 『뜻밖의 한국사』도 앞머리에 선정됐다. 복잡한 인명과 지명, 연대를 나열한 한국사가 아닌 옛사람들의 생생하고도 색다른 삶의 모습을 소개한 역사서라 그리 됐던 게 아닌가 생각한다.

개정판을 내면서 새삼 당부를 드리고 싶은 것은 왕들의 교체, 왕비나 후궁의 암투, 거대 권력 간의 치열한 세력 다툼 등이 우리 역사에 대한 관심의 전부여서는 안 된다는 것이다. TV 사극이 좀처럼 이런 스토리에서 벗어나지 못하는 것은 TV의 문제가 아니라 우리의 관심이 여전히 거기에 쏠려 있기 때문이다. 그러나 현재 이 순간의 내가 느끼고 표현하고 선택하는 행동이 한국의 역사에 얼마나 의미 있는 일일지 생각해보라. 여러분이 생각하는 것보다 훨씬 더 의미 있다. 한 사회의 자기조직화 출발점은 개인 개인의 작은 선택과 행동들이다. 이 점은 과거 역사에서도 마찬가지다. 그들의 작은 일상이 한국 역사의 바탕이었고 그 역사가 쌓여 오늘날의 우리에게 알게 모르게 전해져온 것이다. 위화도 회군만큼이나 조선 시대 선비 아내들의 복수 심리도 우리 역사의 방향에 영향을 미쳤다고 표현할 수도 있다.

  자연 생태계는 섭리로 움직인다. 하지만 인간 사회는 자연의 섭리에 더해진 사랑과 증오, 열락과 불만과 희비와 같은 인간적 반응의 산물이다. 그 반응들과 결과물이 모여 역사가 되었다. 그러므로 한국사를 이해하기 위해 왕조사를 떠나 한국인의 감정들이 그대로 녹아 있는 소소하지만 흥미로운 역사 속으로 들어가보는 것도 의미 있는 일일 것이다.

  개정판을 내면서 음식사와 관련된 내용을 보강했다. 화장을 고치고 임을 만나는 심정으로 다시 선을 보인다. 독자 여러분을 다시 이 뜻밖의 한국사로 초대할 수 있게 되어 한없이 기쁘다. 이 책을 통해 모든 독자가 뜻밖의 즐거움을 얻기를 고대한다.

2015년 1월

김경훈

차례

경제

1
고려 시대에는
남녀가 함께 목욕을 했다?

풍
습

'그날'이 되면
궁녀들은 연지곤지를 찍었다?

임금님, 저 오늘 생리 중이거든요

연지臙脂는 볼과 입술에 붉게 칠하는 전래 화장품이다. 연지를 이마에 동그랗게 찍어 바르면 그것이 곤지가 된다. 그런데 연지곤지는 화장에 대한 선조들의 전통적인 취향과는 어울리지 않게 뚜렷이 찍는다. 색깔도 너무 선명하고 모양도 두드러진다. 왜 이런 화장을 하게 되었을까?

여기에는 여러 가지 설이 있는데 그중에서 가장 재미있는 것은 연지곤지가 원래 생리 중이란 표시였다는 설이다. 여염집 아녀자들이 그런 표시를 할 필요는 없겠고, 임금의 여자인 궁녀들이 '오늘은 임금님을 모시지 못합니다'라는 표시로 뺨에 연지를 발랐다는 것이다.

지엄하신 임금님께 감히 "죄송하지만 저 오늘 생리 중이거든요"라고 말할 수도 없는 일. 그래서 임금이 척 보면 알 수 있도록 얼굴에 생리를 연상시키는 붉은 색으로 칠했던 것인데, 그것이 여염으로 퍼져 유행이 되었다는 것이다. 그럴싸한 설이긴 하지만 생리의 표시라는 것을 알면서도 여성들이 연지 화장을 했다는 것은 잘 믿기지 않는다.

연지곤지, 젊음과 처녀성의 상징

우리는 TV에서 방송되는 사극을 통해 전통 결혼식 장면에서 신부가 연지곤지를 찍고 다소곳이 앉아 있는 장면을 많이 보았다. 그런데 재미있는 것은 옛 풍속에서 재혼하는 여성은 볼과 이마에 연지를 칠하지 않았다는 것이다. 따라서 연지곤지 화장의 유래는 초혼과 재혼의 차이에서 찾는 것이 더 옳을 듯싶다. 그렇다면 연지곤지 화장은 숫처녀임을 표현한 것이 아닐까?

나이 어린 처녀들은 화장을 전혀 하지 않아도 뺨에 붉은기가 돈다. 조금만 부끄러워도 뺨이 발그레해진다. 그러므로 발그레한 뺨은 젊음, 싱싱함, 처녀성의 상징이다. 그것을 표현하기 위해 뺨과 이마에 연지를 발랐을지도 모른다.

우리 민족은 전통적으로 희고 깨끗한 얼굴을 선호했다. 송나라 사람이 쓴 『고려도경高麗圖經』이라는 책을 보면, 고려의 귀부인들은 연지 바르기를 즐겨하지 않고 그저 분을 바르는 정도였다는 기록이 나온다. 얼굴에 그림을 그리는 짙은 메이크업이 아니라 엷은 색조의 은은한 화장을 좋아했던 것이다. 짙은 화장에 대해서는 야용冶容이라 하여 저항감을 갖고 있었다. 그래서 연지를 찍는 특별한 화장은 젊음과 처녀성을 표현해야 할 특별한 경우, 즉 결혼식 같은 경우에만 했다. 연지 화장은 신라 때부터 시작됐다. 연지는 신라인의 발명품인 셈이다.

옛 기록을 찾아보면 연지를 만드는 방법에는 두 가지가 있는데, 하나는 자연 염료를 이용하여 만드는 것이고 다른 하나는 화학적 작업을 거쳐 만드는 것이다. 자연 염료로는 잇꽃을 썼다. 잇꽃은 1~2년생의 국화과 꽃인데 원래는 황색이며 약간 붉은빛이 돈다. 이 잇꽃을 찧어서 물에 담그면 황색 색소는 물에 녹고 붉은색 색소만 남는데, 이것을 약품 처리하면 붉은색 연지가 나온다.

반면 화학적 작업을 거쳐 만든 것은 주사 연지다. 수은을 주성분으로 하는 주사라는 광물을 갈아서 계란 노른자 등에 섞에 솥에다 끓여서 만든다. 주사 연지는 잇꽃 연지보다 색깔도 붉고 윤택이 났다. 그러나 요즘 화장품 과용이 문제를 일으키는 것처럼 이 주사 연지도 오래 사용하면 화장독이 생겼다. 그래서 민간보다는 궁중의 궁녀나 기생들이 주사 연지를 많이 썼다고 한다.

선비의 아내는
무서운 사디스트였다?

본처의 질투가 부른 참극

성종 19년 5월 22일, 임금은 한 여인의 살해범을 반드시 잡으라고 명령한다. 이 여인은 죽은 채로 물에 떠내려 왔는데 시체가 몹시 훼손되어 있었다. 온몸에 상처 자국이 있었고 성기에서 항문까지의 부위가 칼로 도려내져 있었다. 임금은 이와 같이 독한 상처를 입은 것은 일반적인 싸움이나 살인이 아니라 필시 사대부 집안의 독살스런 처가 질투심 때문에 첩을 학대하여 죽인 것이 틀림없다고 생각했다. 그래서 끝까지 추적하여 범인을 잡아내라고 명령했다.

『조선왕조실록』에 나오는 투기에 의한 최초의 살인 사건은 태조 6년에 벌어진 일이다. 교서감이라는 직위에 있던 왕미라는 자가 자신의 종과 간통을 하자 그의 처가 종을 죽여 길가에 버렸다. 관원이 잡으러 가자 왕미는 처와 함께 도망쳤다.

처가 첩을 시기하고 질투하여 학대한 대표적인 사례로는 세종 9년에 벌어진 집현전 관리 권채의 집에서 생긴 일이 있다. 집현전 응교였던 권채는 본처인 정씨 외에 종이었던 덕금을 첩으로 삼았다. 아내 정씨는 덕금을 몹시 미워하여 기회만 노리고 있었다. 그러던 차에 덕금이 남편 몰래 집을 나가는 사건이 발생했다. 할머니가 아프다는 전갈을 받은 덕금이 권채에게 휴가를 청했는데 허락하지 않자 몰래 할머니를 찾아갔던 것이다. 드디어 기회를 잡은 아내 정씨는 권채에게 덕금이 다른 남자와 간통하기 위해 몰래 빠져나갔다고 거짓으로 일러바쳤다. 화가 난 권채는 덕금을 잡아 머리카락을 자르고 쇠고랑을 채워 방에 가뒀다.

이제 정씨는 남편의 묵인 아래 덕금을 괴롭힐 수 있게 되었다. 그녀는 덕금을 칼로 베어 죽이려고 하다가 그렇게 되면 남들이 사정을 알게 될까 두려워 서서히 죽이는 방법을 택했다. 음식을 주지 않고 대신 똥오줌을 먹였다. 구더기까지 생긴 똥오줌을 덕금이 차마 먹지 않으려 하자 덕금의 항문을 침으로 찔러 억지로 먹였다. 이와 같이 하기를 수개월, 덕금이 거의 죽기 직전에 이르렀다. 다행히 고발하는 자가 있어 이 호러극은 막을 내렸다. 권채는 외관직으로 좌천당하고 아내 정씨는 곤장 아흔 대를 맞는 형벌에 처해졌다.

첩에 대한 본처의 질투심은 나이가 들어도 사라지지 않았다. 세종 때 좌찬성을 지낸 이맹균의 아내 이씨는 나이 일흔이 가까웠는데도 질투가 심했다. 이맹균이 집안의 계집종을 가까이하자 그것을 질투하여 종을 학대했다. 머리카락을 자르고 움집에 가두어 굶겨 죽였다. 그런데 한술 더 뜬 것은 남편인 이맹균. 사사로이 종을 죽인 것이 들통날 것 같자 하인들에게 암매장하게 했는데, 하인들이 성가셨는지 죽은 여인을 길거리의 구렁텅이에 버렸다. 시신이 발견되어 범인을 찾는 수사가 진행되자 할 수 없이 이맹균은 자수하기에 이르렀다. 이에 세종은 이맹균을 귀양보냈다. 그러나 대신의 아내라고 하여 이씨는 벌을 받지 않았다.

〈월야밀회〉, 신윤복, 간송미술관

달 밝은 밤 한 쌍의 남녀가 다른 이의 눈을 피해 정을 나누고 있다. 조선은 공식적으로 일부일처 사회였지만 처와 첩 사이에서는 한 남자의 사랑을 두고 시기와 질투가 횡행하였다.

남편의 사랑을 뺏긴 아내들은 이처럼 갖은 방법으로 첩이나 남편의 사랑을 받는 종들을 학대하고 심지어 죽이기까지 했다. 머리카락 자르기, 두들겨패기, 성기를 못 쓰게 만들기 등이 자주 쓰이는 방법들이었다. 중종 7년의 한 사건을 보면 끔찍하기가 차마 입에 담을 수 없을 정도였다. 남편과 가까이한 종의 입을 솜으로 막은 다음 불에 달군 쇠로 음부를 지지고 돌로 내리쳐 화를 풀고는 죽였다. 남편이 정식으로 맞아들인 첩일 경우에는 갖은 모략으로 우선 남편과 떼어놓은 다음, 학대하거나 창피를 주어 내쫓았다. 심지어 독살하는 경우도 있었다. 중종 때 장현현감 홍전의 첩, 첩의 딸, 노비 두 명이 모두 독살되었는데 홍전의 부인이 질투하여 저지른 일이었다.

고금을 통틀어 가장 흉측한 사건은 중국 한나라 고조의 부인 여후가 저지른 일이다. 여후는 한 고조가 사랑한 척 부인을 몹시 질투했는데 남편 생전에는 어쩌지 못했다. 그러다가 남편이 죽자 척 부인의 팔을 자르고 눈을 뽑았으며, 약을 먹여 귀까지 멀게 했다. 척 부인에게 정상적인 것은 냄새 맡는 코뿐이었다. 그러나 그마저도 용서할 수 없었던 여후는 척 부인을 평생 변소에 살게 함으로써 자신이 받았던 정신적 고통을 한풀이하고 만다.

질투의 화살 속에서 첩으로 살아간다는 것

첩을 거느리는 것은 권력가와 재력가의 특권이었다. 공식적으로는 엄연히 일부일처제가 시행되고 있었지만, 이런 남자들은 여러 명의 첩을 거느렸다. 고려 시대에는 일부다처나 일부다첩이 관행으로 묵인되었지만, 조선 태종 13년에 일부다처가 공식적으로 금지되었다. 아무리 많은 여자를 거느려도 정식 아내는 하나였다. 그리하여 양반댁에서는 처와 첩 사이의 보이지 않는, 혹은 노골적인 투기와 질투가 횡행하게 되었다.

첩의 신분은 비참한 것이었다. 첩에게서 낳은 자식은 서자, 서녀가 되어 온갖 신분상의 제한을 받았고 과거에 응시할 수도 없었다. 첩은 남편의 친족과 친족의 호칭 관계를 가질 수 없었고, 죽어도 남편과 함께 묻힐 수 없었다. 하지만 의무는 많아서 남편이나 정식 부인, 혹은 정식 부인의 소생이 죽었을 때는 길면 3년까지 상복을 입어야 했고, 남편에 대해서 정조의 의무를 지켜야 했다. 남편을 고소하면 목을 졸라 죽였고, 남편을 배반하고 도망치거나 첩의 신분으로 다른 남자를 만나 개가하면 모두 엄한 형벌에 처해졌다. 그렇게 비참한 처지였지만 첩이 살아갈 수 있었던 유일한 동기는 바로 남편의 사랑이었다.

정식 아내들은 첩과는 비교할 수 없는 지위를 누렸지만, 남편의 사랑을 잃는 것은 그 어떤 지위로도 보상받을 수 없는 비참한 것이었다. 첩에 대한 본처의 질투와 가혹한 학대는 남편의 사랑을 빼앗긴 데 대한 복수였다.

신라와 고려,
근친혼을 허용했다?

골품제도 유지를 위한 신라 왕실의 동성혼

고려의 풍속을 알고자 하면 먼저 신라 시대의 생활상부터 살펴보아야 한다. 고려의 풍속이 대부분 신라의 것을 그대로 이어받았기 때문이다. 그럼 질문을 살짝 바꿔보자. 신라 시대에는 오누이 간에도 혼인을 할 수가 있었을까? 정답부터 이야기하면, 같은 배에서 태어난 오누이 간의 혼인은 안 되지만 가까운 친인척 간의 혼인은 허용되었다.

원래 신라는 삼국 가운데 가장 늦게 형성된 나라였다. 일찍부터 중국과 교류하며 문화를 발전시켰던 고구려나 백제에 비해 고유한 풍습도 오랫동안 지켜나갔다. 게다가 신라의 골품제도는 철저해서 계급을 유지시키기 위해 계급 내 혼인을 장려했다. 결국 계급 내 인구가 가장 적었던 왕실, 성골과 진골에서는 동성同姓 간의 혼인이 자유로울 수밖에 없었다. 신라 시대 전반에 걸쳐 왕실에서는 이성혼보다는 동성혼이 오히려 많았다. 사촌이나 육촌 오누이는 물론이고 삼촌과 조카딸 사이에도 혼인이 이루어졌다. 동성동본 정도가 아니라 근친혼까지 서리낌 없었던 것이다.

고려 시대에도 마찬가지였다. 심지어 아버지는 같고 어머니가 다른 동부이모同父異母의 오누이끼리도 혼인했다. 다만 문란한 가운데서도 동부동모同父同母의 친오누이 간에는 혼인하지 않았던 것 같다. 그렇더라도 조선 시대 양반들의 눈에 이러한 혼인 관계는 참으로 문란한 짐승들의 그것으로 보였을 법하다. 동성동본끼리의 혼인을 극도로 경멸했던 유학자들이 이 문제에 강한 목소리를 내게 된 것은 당연하다.

근친혼 금지의 역사

고려 시대에도 동성 간, 혹은 가까운 친인척 간의 혼인을 금지시키려는 시도는 계속 있었다. 1058년(문종 12년)에는 사촌 간의 혼인에서 출생한 자는 관리에 등용하지 못하도록 하는 금고령禁錮令을 내렸다. 1085년(선종 2년)에는 동부이모의 자녀가 혼인해서 낳은 자식에 대한 금고령이 내려지고, 1096년(숙종 1년)에는 육촌 간의 혼인에서 태어난 자식에 대한 금고령이 내려진다.

이처럼 고려의 근친혼 금지령은 고려 말까지 계속 확대되어나간다. 그러나 이것은 어디까지나 관리 등용을 제한한 '금고령'일 뿐 혼인 자체를 금지한 것은 아니었다. 학자에 따라서는 이러한 금고령의 의미를 근친혼 억제에 두기보다는 계급 내 혼인을 통해 귀족 세력이 확대, 강화되는 것을 방지하려는 데 두기도 한다.

최초로 근친혼 금지령이 내려진 것은 1096년 6월의 일이었다. 육촌까지의 혼인을 금지한 것이다. 그러나 실효가 별로 없어 1101년에는 없어져버렸다. 이후에도 사촌 간의 혼인은 금지했지만 오촌, 육촌 간의 혼인은 금지하지 않았다. 결국 폭넓은 동성 금혼령이 세상에 모습을 드러낸 것은 14세기, 고려 충선왕 때(1309년)였다. 그러나 동성 간의 금혼이 법

적으로나 관습적으로나 확실한 규범으로 자리잡게 된 것은 조선 시대에
들어와서이다.

동성동본 혹은 근친 간의 혼인을 금한 첫 번째 이유는 그 혼인이 가져
올 불행―불임, 낮은 임신율, 기형아 출산―에 대한 두려움 때문이었다.
여기에 같은 피를 나눈 사람들끼리 혼인하는 것은 인륜을 범하는 일이라
는 윤리적 자각, 즉 근친혼에 대한 유교적 죄의식이 더해졌을 것이다.

사실은 조선 시대에도 근친혼을 했다?

조선 시대에 들어와 동성불혼의 규칙은 더욱 강화되는데, 심지어 실증
도 할 수 없는 아득히 먼 조상이 같다는 이유로 동성이본, 이성동본, 이성
이본 사이의 혼인까지 금하기에 이른다. 예를 들어 수로왕의 후손이라는
이유로 김해 김씨는 김해 허씨(이성동본), 양천 허씨(이성이본)와도 혼인
할 수 없었다.

그런데 한 가지 재미있는 것은 이같이 엄격했던 조선 시대에 진짜 피
가 가까운 사람들끼리는 혼인이 가능했다는 것이다. 바로 외가 쪽과의
근친혼인데, '나'는 아버지의 외가 즉 할머니의 친정 쪽 집안과 혼인할
수 있으며, 어머니의 외가 즉 외할머니의 친정 쪽 집안과도 혼인할 수 있
었다. 성이 다르고 본이 다르니 겉보기에는 완전히 남남 같지만 유전학
적인 관점에서 보자면 먼 친척보다 훨씬 가까운 데도 말이다. 결국 조선
시대에도 여전히 가까운 혈육 간의 혼인이 이루어지고 있었던 셈이다.
여러 가문이 여러 세대에 걸쳐 이렇게 얽히고설키다 보면 결국 이리저리
피가 섞일 수밖에 없다.

1997년 7월 16일은 동성동본 금혼의 역사에서 혁명이 일어난 날이다.
이날 대법원은 '동성동본인 혈족 사이에는 혼인을 금한다'라는 소앙이

헌법 정신에 어긋난다며 사실상의 위헌 판정을 내렸다. 여전히 팔촌 이내의 친인척 관계인 당사자들의 혼인을 금지하거나 무효화하는 조항이 민법에 남아 있기는 하다. 그러나 1959년에 만들어진 민법, 그리고 멀리 조선 초부터 내려온 동성동본 금혼의 6백 년 역사가 이로써 무너졌다. 물론 사촌 간이나 동부이모의 오누이끼리도 거리낌없이 혼인했던 고려 시대의 풍속과는 여전히 거리가 있지만…….

시집간 여자가
남편의 성을 따르지 않는 이유

한 가정 내에 다른 성이 공존하다

케네디 대통령의 부인 재클린의 원래 이름은 재클린 리 부비에였다. 그녀는 케네디와 결혼한 뒤 재클린 케네디가 되었다가, 나중에 그리스의 선박왕 오나시스와 재혼하면서는 재클린 케네디 오나시스가 되었다. 서양에서는 여성이 결혼을 하면 자신의 성을 버리고 남편의 성을 따르게 되어 있다.

우리로서는 아주 자연스러운 일로 여겨지지만 한 가족 내에 다른 성이 공존하는 경우는 한국과 중국 정도에 불과하다. 가까운 일본에서도 아내는 남편의 성을 따르는 것이 관습이다.

일본의 경우에는 예부터 일가일씨주의(일본의 '씨'는 우리의 성이다)였다. 그래서 여자는 결혼을 하면 남편 집안의 사람이 되기 때문에 성을 바꿔야 했다. 특이한 것은 이혼을 하면 원래의 성을 되찾았다가 재혼을 할 때 다시 새로운 남편의 성을 썼다는 점이다. 새로 제정된 일본의 신민법은 그때 달라졌다. 부부는 혼인할 때 시도 협의하여 어느 한쪽으로 성을 따르도록 했다. 법적으로는 아내의 성으로 가족을 대표할 수 있게 된 것이다. 그러나 실제로 이렇게 하는 경우는 거의 없고 여전히 관습적으로 아내가 남편의 성을 따르고 있다.

일본과 비슷한 경우는 러시아인데, 부부가 협의하여 어느 한쪽의 성을 공통으로 사용하거나 각자 원래의 성을 그대로 가질 수 있지만, 대체로 아내가 남편의 성을 따르는 관습이 유지되고 있다. 가장 독특한 체계를 갖고 있는 곳은 대만으로, 결혼한 여성은 자신의 원래 성에 남편의 성을 덧붙여서 두 개의 성을 동시에 쓴다. 다만 이 경우에도 남편의 성을 앞에 쓴다.

어느 집안의 처자인고?

그렇다면 한국이 이렇게 세계적으로 독특한 성씨 체계를 갖게 된 이유는 무엇일까?

첫째, 한국의 성은 가족을 표현하는 것이 아니라 부계 중심의 혈연을 본위로 하는 출신 성분을 나타내기 위한 것이다. 때문에 성장하여 출가한 경우에도 애초의 뿌리가 어느 가계에 있는지를 밝히기 위해 부계의 성을 그대로 썼다. 혼인 후에도 어느 집안의 처자인가를 중요하게 여겼던 것이다.

둘째, 성은 그 성을 가진 사람의 사회적 지위나 신분을 나타내는 것으로 전통 사회에서 개인의 정체성을 이루는 중요한 근거였다. 『당서』에서, 신라에는 "백성은 씨(여기서는 성이라는 의미)는 없고 단지 이름만 있다"라고 했던 데서 알 수 있듯이 성씨를 갖는다는 것은 뼈대있는 가문의 일원임을 보여주는 것이다.

실제로 한국인의 성은 삼국 시대부터 있었던 토착의 몇몇 성을 제외하고는 고려 시대 이후로 임금이 지방 호족이나 공을 세운 자에게 하사한 영예였다. 그래서 국가의 높은 공신이거나 큰 명예를 얻은 사람을 시조로 하여 가문의 자랑으로 삼았다. 고려 태조인 왕건은 지방 호족에게 일일이 성씨를 하사했는데, 그때 무려 544개의 지방이 성씨의 본관으로 되었다. 그리하여 신라 시대에는 귀족에게만 있었던 성씨가 10세기에 이르면 지방 군현의 양민층에게까지 확대 수용된다.

셋째, 가문끼리의 혼인으로 유대 관계를 튼튼히 하고 이를 바탕으로 가세를 키우기 위해서는 며느리로 하여금 친정의 성을 쓰도록 하는 편이 나았다. 남녀의 결혼은 언제나 가문과 가문 사이의 사돈 맺기로서 더 큰 의미를 지니고 있었다.

성은 혈통과 신분을 알리는 지표

호주제의 폐지로 '성'에 관한 한국인의 생활문화가 완전히 뒤집혀지고 있다. 합법적으로 어머니의 성을 따를 수 있게 된 것이다. 아니, 사실은 가문이나 혈통에 대한 우리들의 사고가 뒤집혀진 것이다.

양반 계층이 그야말로 한줌도 안 되던 시절에 성은 신분을 알리는 증거였고 빛나는 혈통의 지표였다. 그러나 이제 수백만의 사람들이 같은 성을 쓰고 있는 시대다. 만약, 이 시대에도 자기 가문의 영광을 성으로 쓰고 싶어하는 사람이 있다면 과거의 성에 기댈 것이 아니라 자기 가문만의 성을 새로 만들어 쓰는 것이 더욱 효과적이지 않을까?

기방오불,
기생집에서 삼가야 할 다섯 가지

기생 금란이의 일편단심이란?

하지 말라는 것일수록 하고 싶고, 오르지 못할 나무일수록 더 오르고 싶은 게 사람 심리이다. 그러나 기생집에 가서 그 하지 말라던 것을 하다가는 쫓겨나진 않더라도 사람 대접을 못 받으니, 돈 버리고 체면을 망치는 수모를 당해야 했다. 기방에서 하지 말라는 것을 다섯 가지로 정리하니 그것이 기방오불妓房五不이다.

기방오불의 첫째는 기생의 맹세를 믿지 말라는 것이다. 이 사람 저 사람, 많이 만날수록 주가가 올라가고 몸값도 오르는 기생의 처지에 약속이 무슨 대수였을까? 그런데 순진한 양반들이 기생의 약속에 목매달고 오매불망하다가 신세 망치는 지름길로 접어든 것이다.

충주에서 전목이라는 벼슬아치가 있었는데, 충주 기생 금란이를 사랑했다. 어느날 한양으로 자리를 옮기게 된 그는 금란이를 두고 가는 게 못내 안타까워 남에게 몸을 허락하지 말고 일편단심하라고 다짐을 받았다. 금란이 하는 말, "월악산이 무너질지라도 내 마음은 변치 않소"라고 했다. 그런데 전목이 한양에 올라간 지 얼마 되지도 않아서 금란이가 다른 남정네와 정을 통한다는 이야기가 들렸다. 노한 전목은 편지를 보내 '당장 세모난 방망이를 들고 가 월악에 대고 한 맹세를 따져보겠노라'라고 엄포를 놓았다. 이에 질세라 금란이도 답장을 하였는데 그 내용이 가관이다. '맹세한 것처럼 산이 무너진다면 월악이 지금까지 몇 번이나 무너졌을까요?'

기방에서는 온갖 자랑 금지

기방오불의 두 번째는 기방에 꽃을 들고 가지 말라는 것이다. 옛 기생들의 별칭이 해어화解語花였다. 말하는 꽃이란 뜻인데, 인간들 중의 꽃이니 자연의 꽃과 비교되는 건 싫어했다. 연인들 사이의 꽃 선물이야 마음을 전하는 것이지만, 기생들에게 한량들이 주는 꽃이란 비교 대상일 뿐인 셈이다.

기방오불의 세 번째는 기방에서 처첩 자랑을 하지 말라는 것이다. 어리숙한 남정네들이 아양을 떨고 기분을 맞춰주는 기생들의 화술에 농락당하다보면 부지불식중에 집안 여자 얘기를 하게 되는데, 기생들의 기분을 망치는 데는 이것이 제일 지름길이다.

기방오불의 네 번째는 기방에서 문자 자랑을 하지 말라는 것이다. 간혹 황진이나 매창처럼 멋진 시인들이 없는 것도 아니지만 그런 일은 매우 드물었다. 기생들도 양반들과 접촉하다 보니 문자 나부랭이를 어느 정도 알고 있긴 하지만 그거야 귀동냥 눈동냥일 뿐이니 문자 앞에서는 침 맞은 지네꼴이 될 수밖에. 술 마시고 놀러 왔으면 목적에 충실할 일이지 기생 앞에서 웬 문자 자랑!

기방오불의 다섯 번째는 기생 앞에서 제깐 효녀, 열녀 자랑하지 말라는 것이다. 굳이 설명할 필요가 없는 일이다. 불난 데 부채질도 유분수지.

기방오불은 기생집 출입을 오래한 사람들의 노하우가 배어 있는 생활 지침인 셈이다. 한편으로는 기생을 믿지 말라는 거고, 또 한편으로는 아무리 웃음을 팔고 몸을 던진 여성들이지만 마지막 자존심 하나는 건드리지 말라는 경고이다.

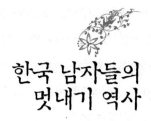

한국 남자들의 멋내기 역사

향기 주머니, 신라 남자들의 필수품

희고 깨끗한 얼굴을 선호했던 우리나라 여인들은 미안수(로션)를 바르기도 하고, 얼굴에 꿀을 발랐다가 마르면 떼는 방법으로 팩을 하기도 했다. 그러면 남자들은 어떤 방법을 썼을까? 분 세수를 하거나 화려한 장신구를 패용하기도 했지만 한국 남자들의 멋내기 중 가장 특징적인 것은 향료 주머니, 즉 향낭香囊이 아닌가 싶다. 향낭은 물론 몸에서 향기가 나도록 하기 위해 쓰는 것이다. 그런데 이 향낭이 삼국 시대부터 조선 시대까지 꾸준히 유행했다는 것은 참으로 흥미로운 일이다. 한국의 남자들은 삼국시대부터 향기나는 주머니를 몸에 달고 다녔던 것이다.

　고구려나 백제의 기록은 남아 있지 않아 알 수 없지만 신라의 남자들은 나이와 신분에 상관없이 향낭을 차고 다녔다. 종교 행사나 제사 때 향료를 사용한 것은 물론이고 기도나 맹세를 할 때, 그리고 부부가 함께 침실에 들 때도 향료를 사용했다. 신라 진지왕은 도화녀와 7일 동안 방에서 사랑을 나눴는데 내내 향을 실폈다고 한다. 향료는 향기가 신한 식물을 그늘에서 말린 후 가루로 만들거나, 향나무 조각, 사향노루 같은 동물의 향료 주머니 등으로 만들었다. 신라 사람들은 이 향료를 옷고름이나 허리춤에 차고 다녔다.

고려 사람들의 멋내기는 기본적으로 신라를 계승한 것인데, 외형상으로는 더욱 사치스럽고 탐미적이었다. 기술도 더 개발되었는데, 향료를 끓는 물에 담그고 거기서 나오는 향을 옷에 쐬기 위하여 박산로博山爐라는 화로를 만들어 사용했다. 향료에서 나오는 향기를 습기와 접합시킴으로써 옷에서 나는 향내를 더 오래가게 한 것이다. 여인들도 비단 향낭을 많이 가질수록 자랑으로 여겼다. 그에 따라 제조 기술도 발달해서 향료를 알코올 등에 용해시켜 만든 향유香油를 송나라에 수출한 사실이 두 번씩이나 기록에 남아 있다(945년 향유 50근, 1080년 향유 220근).

몸에서 나는 곡물 비린내를 없애라

조선 시대에도 향낭 풍습은 계속되었다. 신분 제도가 고정되면서 주로 양반, 그중에서도 벼슬아치들이 향낭을 패용했다. 특히 임금과 자주 만나는 승지들은 의무적으로 향낭을 차고 다녔다. 부유한 사람들은 침실에서 사향을 사르고, 책을 읽거나 시를 지을 때, 그리고 손님을 맞거나 차를 마실 때에도 향로에 향을 피웠다. 향을 제조하는 전문가인 향장香匠까지 있어서, 고급품은 그들의 손에서 만들어졌다.

멋내기라 함은 대체로 시각적 효과를 노린다. 그런데 한국 남자들은 일찍이 후각을 통한 멋내기를 즐겨왔다. 어째서 그럴까? 우선 비누의 날비린내를 제거해야 했기 때문이었다.

신라인들이 쓰던 비누는 조두澡豆였다. 영육일치靈肉一致 사상에 따라 목욕을 즐긴 신라인들은 세정과 미백 효과가 뛰어난 고급 세정제인 조두를 즐겨 썼다. 이것은 팥, 녹두, 쌀겨 따위를 곱게 빻아 만든 것으로, 물로 몸을 씻고 나서 가루를 묻혀 문질렀다. 그런데 날곡식으로 만들었기 때문에 씻고 난 후에 날비린내가 났고 이를 가시게 하기 위해 향수를 바르고 향료를 몸에 차고 다니게 되었던 것이다.

조두는 신라 시대뿐만 아니라 조선 시대 말까지도 계속 사용되어 한말의 왕비도 애용했다고 한다. 다만 부유한 집에서나 쓰던 고급 세정제여서 일반 평민들은 콩깍지 삶은 물이나 창포 우려낸 물을 사용하거나 쌀겨를 주머니에 담아 사용했다. 그런데 이들 세정제들도 모두 날곡식으로 만들어서 씻고 나면 날비린내가 났다. 그래서 향수를 뿌리거나 향낭을 차고 다녔던 것이다.

그런데 신라인들에게는 영육일치라는 좀 더 철학적인 배경이 있었다. 영혼의 향기는 곧 육체의 향기요, 육체의 향기는 곧 영혼의 향기였던 것이다. 따라서 육체의 멋은 다만 시각적인 효과만이 아니라 후각을 포함한 오감 모두의 멋이어야 한다. 이 어찌 참된 멋의 철학이 아닌가?

조선 시대,
어른이 됐다는 징표란?

일생일대의 통과의례, 성인식

얼마 전까지만 해도 성년의 날 남자 친구에게 가장 받고 싶은 선물은 키스, 향수, 장미 등이었다. 하지만 최근의 조사는 '이성 친구와 단둘이 여행'이 으뜸이다. 요즘 청소년들의 솔직함, 성에 대한 개방적 의식을 엿볼 수 있는 대목이다. 만약 조선 시대에 이런 질문을 했다면 어떤 응답이 나왔을까?

조선 시대에 성인식은 유교에서 인생의 통과의례 중 가장 중요하게 생각한 관혼상제冠婚喪祭 가운데 관에 해당한다. 남자는 열다섯 살에서 스무 살, 여자는 대개 열다섯 살 무렵에 관례(여자의 경우는 계례라고 부른다)를 행했다. 조선 시대에는 이 정도 나이가 되면 성인이 될 자격이 있다고 보았던 것이다.

조선 시대 성인식의 가장 큰 특징은 엄숙함이다. 관례를 치를 때는 천주교의 대부와 같은 빈객(여자인 경우에는 어머니의 친한 친구)을 청하는데, 그는 주인 대신 모든 의식을 주관한다. 사흘 전에 미리 사당에 관례가 있음을 고하고, 당일에 빈객이 도착하면 식을 거행한다. 첫 단계는 머리를 빗어 상투를 틀어올리고 옷을 갈아입는 가례이다. 여자는 머리를 빗고 비녀를 꽂는다. 다음에는 술로써 예를 행하는 초례를 행하고, 마지막으로 성년이 된 사람에게 성인이 되었다는 표시로 빈객이 자字를 지어주는 자관의례를 행한다.

실제 과정은 훨씬 복잡하지만 기본적인 절차는 이처럼 가례, 초례, 자관의례의 세 단계로 되어 있다. 여자의 경우에도 빈객으로 초청된 부인이 자를 지어준다. 관례가 끝나면 관계자들은 사당에 가서 조상에게 성년이 되었음을 알린다. 이 모든 과정은 엄숙하게 치러졌고, 성년식을 치르고 나면 주위에서도 대접이 달라졌다. 우선 남자는 상투를 올리고 갓을 쓰며, 여자는 쪽을 지어 비녀를 꽂는 등 겉모습부터가 완연히 다른 진짜 성인이 되는 것이다.

그러나 조선 시대의 관례는 오늘날 거의 흔적이 남아 있지 않다. 조선의 풍습과는 달리 만 스무 살이 되는 해 5월에 일률적으로 '성년의 날'이라는 것을 정해두고 있고, 그나마 특정한 성인식 의식이 있는 것도 아니다. 왜 그럴까? 가장 큰 이유는 아마도 조혼 풍습 때문이 아니었을까?

빠른 결혼으로 성인식과 혼례가 결합하다

왕족들은 십대 초반에 혼례를 치르는 경우가 많았고, 양반들도 열다섯 살을 전후해서 혼인했다. 고려 시대에 처녀들을 조공하라는 원의 요구(13~14세기 약 80년에 걸쳐 총 51회의 요구가 있었음) 때문에 딸들을 서둘러 시집보내다가 조혼 풍습이 생겼다는 설도 있지만, 조선 시대에도 사라지지 않은 것을 보면 원래 한국인은 조혼 풍습을 갖고 있었던 것 같다.

학지들이 주子자의 『가례』에 근거하니 남사는 열여섯에서 서른 살 사이, 여자는 열네 살에서 스무 살 사이에 결혼하도록 권하고 나라에서도 이를 장려했지만 조혼 풍습은 없어지지 않았다. 세종 때에는 남자는 열여섯 살, 여자는 열한 살이 넘으면 결혼할 수 있도록 했다. 또 『경국대전』은 남자는 열다섯 살, 여자는 열네 살로 고쳐 정했지만 다시 철회하여 남자는 열네 살, 여자는 열세 살로 연령을 낮췄고, 나중에는 나이에 상관없이 결혼할 수 있도록 했다. 아마도 조속히 대를 이어 가계를 안정시키려 했던 조선의 가족제도 자체가 가진 특징 때문인 것 같다.

애기가 좀 길어졌지만 아무튼 조혼이 일반화되다 보니 관례와 혼례가 겹치게 되었고, 이 때문에 혼례를 앞두거나 혼례를 예정하고 있는 집안에서는 별도의 관례를 치를 필요가 없었다. 따라서 관례는 자연스럽게 혼례에 접목되었다가, 상투와 갓이 사라진 이후에는 관례의 흔적마저 사라지게 된 듯하다.

예나 지금이나 성인이 된다는 것은 특별한 일이다. 그런데 요즘 성년의 날은 그저 선물이나 주고받고, 해보지 못한 야릇한(?) 경험이나 해보는 것 정도로 의미가 축소되어 있다. 전통 성년 의례인 관례를 되살리자는 움직임도 있지만, 무엇보다 가정에서 가족이 함께 성년의 의미를 함께 나누려는 노력이 필요하지 않을까.

'폭풍우가 몰아치는 세상으로 나가는 아들아. 세상은 끊임없이 너의 믿음을 저버릴 것이요, 쉴새없이 너를 다치게 할 것이다. 그때 기억해다오. 집은 언제라도 돌아와 세상에 맞서 싸울 힘을 충전할 수 있는 곳이라는 것을…….'
– 소설가 최인호가 성년이 된 아들에게 주었던 글. 1997년 5월 19일 《동아일보》에서 재인용

원나라로 끌려간 고려 여인들의 운명은?

고아, 역적의 처, 승려의 딸들을 모으라

몽고의 조공 요구에 끌려간 고려 처녀들, 이들을 일컬어 공녀라 했다. 그 중에는 도망쳐서 돌아온 여자들도 더러 있었는데, 이른바 환향녀還鄕女이다. 그러나 돌아온 이들을 환대하기는커녕 이민족에게 몸을 더럽혔다 하여 오히려 멸시하고 천대했다. 때로는 문중에서 자결을 강요하여, 견디다 못해 스스로 목숨을 끊는 경우도 있었다 한다. '화냥년'이란 욕은 이 환향녀에서 나왔다는 게 정설.

공녀들의 나이는 기껏해야 열대여섯이었고 그보다 훨씬 어린 소녀도 많았다. 이처럼 어린 처녀들이 약한 나라에서 태어난 죄로 멀리 타국 땅에 가서, 말도 통하지 않는 외국인들과 함께 지내야 했다. 다만 이들은 대몽 항쟁기에 끌려간 전쟁 포로와는 처지가 조금 달랐다. 전쟁 포로들이 노비가 되거나 인신매매 시장에서 물건처럼 팔려간 것과는 달리 공녀들은 원의 궁녀나 시비가 되는 경우가 많았다. 또 장가를 못 간 한족 총각들과 억지 결혼을 하기도 했다.

초기의 공녀들은 원나라 병사의 아내로 소용되었다. 원의 조정은 1274년, 고려 여인 140명을 요구했는데, 한족으로 원의 군사가 된 총각들을 장가 보내기 위함이었다. 고려는 이를 막지 못하고 결혼도감이라는 기구를 설치하여 여인들을 모집했다. 그러나 누가 딸을 공녀로 내놓겠는가? 결국 결혼도감은 고아, 역적의 처, 승려의 딸들을 모아 공녀로 보냈다.

타국에서 출세한 공녀들

이듬해 원의 세조는 공문을 보내, "우리 칭기즈 칸은 열세 나라를 정복했는데 그 나라 왕들이 앞다투어 미녀를 바쳤다"며 공녀를 보낼 것을 요구했다. 여기서 중요한 것은 '미녀'였다. 충렬왕이 처녀 열 명을 뽑아 보냈는데, 원은 두 명만 받고 나머지는 되돌려보냈다. 그들은 수시로 처녀를 요구했고 고려 처녀들은 끌려가지 않기 위해 열 살만 되면 결혼을 했다. 그러지 못한 처녀들은 목숨을 끊거나 속세의 인연을 끊고 불가에 입문하기도 했다.

많은 공녀들이 황실의 궁녀나 귀족들의 시녀가 되었는데, 더러는 나름대로 살길을 찾은 사람들도 있었으니, 그것은 황제나 귀족의 눈에 드는 것이었다. 이씨라는 고려 여인은 비파(발현악기)를 아주 잘 타서 원나라 세조의 총애를 한몸에 받았고, 김심이라는 고려 관리의 딸 달마실리(達麻實利, 몽고식 이름)는 원나라 인종의 사랑을 받아 비(왕의 첩)가 되었으며 죽은 후에는 황후로 추대되었다.

가장 출세한 이는 완자홀도完者忽都라는 여자로 기자오라는 사람의 딸이었는데, 원 말기 순제의 궁인이었다가 제2황후로 책봉되었다. 순제는 이 여인을 몹시 사랑하여 몽고인 이외의 여자는 정실 황후로 삼지 말라는 가훈을 깨뜨리기까지 했다. 완자홀도가 황후가 된 덕분에 가장 득세한 사람은 오빠 기철이었다. 그는 동생 덕에 원나라 벼슬과 고려 벼슬을 동시에 갖고 정승이 되어 온갖 위세와 횡포를 부렸다. 그러나 당시는 이미 원나라가 쇠퇴하던 시기였다. 원의 국력이 점차 약화되자 기철도 수그러들 수밖에 없었고, 훗날 역모를 꿈꾸다 발각되어 살해당하고 만다. 완자홀도 역시 원이 망하면서 역사의 무대에서 사라지지만, 그녀의 아들은 북쪽으로 쫓겨간 원(북원, 北元)의 황제가 되었다.

원에 건너간 고려 여인들은 아름답고 남편을 잘 섬긴다는 이유로 인기가 있었다. 고려 여인들로서야 끌려온 신세지만 원의 귀족들에게는 굴러들어온 호박이었던 것이다. 그래서 당시 귀족들 사이에서는 고려 여인을 첩이나 처로 들이는 풍속이 유행했고, 고려 여인을 얻어야 명가로 인정을 받았다. 특히 권력 있는 대신들에게는 황실에서 직접 고려 여인을 하사하기도 했다. 그래서 단지 고려씨氏라고만 알려진 수많은 고려 여인들이 원나라 귀족의 품에 안기게 되었다.

80년간 50여 차례, 출신과 미모에 따른 맞춤 선발

몇몇 공녀들이 기회를 잡을 수 있었던 것은 원이 처음부터 궁녀나 시녀, 혹은 귀족의 배우자를 원했기 때문이다. 가끔 남송 출신의 귀순병들을 장가 보내기 위해 공녀를 요구한 경우도 있었지만 어디까지나 예외였고, 그럴 때는 고려 측에서도 과부나 고아, 역적의 처, 승려의 딸 같은 낮은 계급의 여인들로 맞췄다. 그리고 궁녀로 맞이할 공녀를 원할 때에는 원의 요구대로 얼굴도 예쁘고 가문도 중류 이상인 집안의 딸들을 보냈다. 그러니 이들이 원 귀족의 총애를 받을 수밖에.

공녀는 1274년에 처음 시작하여 공민왕 때까지 약 80년 동안 50여 회에 걸쳐 실시되었다. 그리하여 원나라 말기에는 궁중에서 일하는 여인의 태반이 고려 여인이 될 정도였고, 북경과 지방의 고관들이 고려 여성을 처첩으로 거느리게 되었다. 그래서 원의 귀족들 사이에는 고려 풍속이 널리 퍼지게 되었고 고려 만두, 고려 떡 같은 것이 유행하기도 했다.

간신 오잠이 만든
야릇한 뮤지컬 '쌍화점'

풍류와 색을 밝힌 희대의 왕

〈쌍화점〉은 〈만전춘〉과 함께 조선 학자들이 남녀상열지사男女相悅之詞라고 배척했던 고려속요이다. 다른 속요들이 작자 미상인데 비해, 학자들 사이에 이견은 있지만 〈쌍화점〉만은 충렬왕 시대의 오잠吳潛이 만든 노래라고 알려져 있다. 오잠을 쌍화점의 작자라고 보는 까닭을 살펴보면 이렇다.

고려는 거란의 3차에 걸친 침공을 막아냈지만, 후에 일어선 칭기즈 칸의 몽고족에 의해 점령당하고 만다. 결국 고려의 태자 왕전이 중국에 건너가 항복 의사를 밝히기에 이른다. 그때가 1259년이었다. 왕전은 돌아와 원종(1260~1274)으로 즉위했다. 끝까지 몽고에 대항했던 삼별초가 탐라도(제주도)에서 장렬히 전사한 이듬해, 몽고에 충성을 다하겠다는 뜻을 아예 이름에 붙인 충렬왕이 즉위하니, 바로 원종의 아들이다. 이 충렬왕이 쌍화점이라는 남녀상열지사를 탄생시킨 원인 제공자이다.

충렬왕은 원元나라에 있을 때 원의 세조世祖의 딸과 결혼하는데 그녀의 이름우 홀두루 게리미실忽都魯揭里迷失이었다. 고려에서는 제국대장공주라고 이름 불렸다. 그런데 이 원 황실의 공주는 지독한 불교 신자였다. 몽고인에다가 불교 맹신자와 결혼한 충렬왕은 고국에 돌아와 왕이 된 후에는 정사를 돌보지 않고 오로지 색을 밝히고 놀기만 했다.

남장 여배우들을 앞세운 쾌락의 정점, 쌍화점

충렬왕의 구미에 딱 맞는 인물이 하나 있었으니, 그가 바로 오잠이었다. 오잠은 고려를 없애고 원나라의 직속령으로 남자고 청하는 등 간신배의 행동을 일삼았다. 그는 특히 충렬왕이 놀기를 좋아하고 변태적 취미가 있다는 것을 간파하고 왕의 비위를 맞춰 출세하였다.

충렬왕은 오잠에게 자신의 쾌락을 위해 방법을 강구하라고 일렀고, 그는 전국에서 기생들을 선발하여 여자 배우단을 만들었다(충렬왕 5년, 1279년). 그리고 궁 안에 향각香閣이라는 임금의 전용 극장을 만들고 배우들이 공연하게 했다. 그 공연이 무엇인가? 바로 변태적 취미를 가진 왕을 위해 기생들이 남장을 하고 나와 이상야릇한 춤을 추는 것이었다.

평소 충렬왕은 이런 말을 즐겨했다.

"내가 비록 소국의 왕이지만 풍류에 있어서야 어찌 당나라 현종에 비하랴!"

그러니 풍류도 화려해야 했을 것이다. 오잠은 야릇한 춤에 줄거리를 주기 위해 노래를 만들었다. 말하자면 뮤지컬인데, 그때의 노래가 바로 쌍화점이었다. 쌍화점은 대화식으로 이루어져 있는데, 한 명의 주연배우가 자신의 경험을 얘기하면 다른 배우가 나도 가봤으면 좋겠다고 말하고, 다시 주연배우가 꼭 가겠다면 말리지 않겠다고 답하는 내용이다. 자, 남장 여배우들이 야릇한 춤을 추면서 불렀던 노래 쌍화점을 현대식으로 개작해 들어보자.

쌍화점(아라비아 만두 가게)에 쌍화(만두) 사러 갔더니
아라비아 주인이 내 손목을 쥐더이다

만약 이 소문이 만두 가게 밖으로 나간다면
다로러 기로러
조그만 새끼 광대 네가 퍼뜨린 줄 알겠노라

더러둥셩
다리러디러 다리러디러
다로러 거디러 다로러

아, 그곳에 가서 나도
손목 좀 잡혀 봤으면 좋겠네

그곳에 꼭 가겠다면 말릴 수는 없지만
세상에 그보다 음탕한 곳은 더 없더라

　역사는 충렬왕을 마조히즘(피학대 음란증)과 사디즘(학대 음란증)을 동시에 가진 인물이라고 묘사했다. 오잠이 그런 충렬왕의 비위를 맞추어 쌍화점이란 노래가 탄생했다.

고려 시대에는
남녀가 함께 목욕을 했다?

조선 시대를 건너뛰면 다른 풍습이 보인다

"여러 사람 앞에서 옷을 벗다니! 아이구 망측해라."

일제강점기 일본인들이 대중목욕탕을 지으려 했을 때 한국인들은 이렇게 반발했다. 그래서 조선을 합병한 이후에도 일본인들은 공중목욕탕을 짓지 못했다. 공중목욕탕은 1924년에야 평양에서 첫 모습을 드러냈고 이듬해에는 서울에도 세워졌다.

알다시피 조선의 유교적 관습은 노출을 극도로 꺼렸다. 양반님네들은 혼자 목욕할 때조차도 옷을 다 벗지 않은 채 필요한 부분만 씻었다. 그렇지만 고려 시대에는 어떠했을까? 고려 시대에는 조선과 달리 노출에 대해 관대하지 않았을까? 또 신라 시대에는?

이런 풍습에 관한 한 우리는 늘 조선 시대를 건너뛸 필요가 있다. 신라나 고려에서는 가능했던 일들이 조선 시대에는 불가능해졌다가 현대에 이르러 재현되는 사례가 많기 때문이다. 대중목욕탕도 마찬가지이다. 대중목욕탕은 신라 시대에 이미 존재하고 있었다.

그런데 재미있는 것은 이 신라 시대의 대중목욕탕이 엄숙하고 경건하며 청정한 구역인 절 안에 있었다는 점이다. 왜일까? 그것은 신라 사람들의 목욕에 대한 관념과 관계가 있다. 원래 청결을 중요시했던 신라인들은 불교가 들어오면서 목욕재계를 중시하는 불교 풍습을 받아들였고 목욕에 대한 관념을 심화시켰다. 목욕은 단지 몸을 깨끗이 하는 일일 뿐만 아니라 마음의 죄를 씻는 행위라고 생각했다. 그래서 절간에 목욕탕이 생겼고, 많은 사람들이 한꺼번에 목욕재계를 해야 했기 때문에 공중목욕탕 시설을 갖추게 되었다.

획기적인 신라의 화장품, 연분

대중목욕탕의 발달과 함께 목욕 용품도 발달했다. 조두(팥과 같은 곡식의 가루로 만듦)도 이때의 발명품이다. 화장품 역사상 획기적인 발명품으로 여겨지는 연분鉛粉 역시 이때의 발명품이다. 연분이란 백분—곡식이나 분꽃씨, 조개껍데기 등을 태워 빻은 분말—에다 납을 화학 처리한 화장품이다. 백분은 얼굴에 잘 붙지 않고 고루 펴지지 않아 얼굴의 털을 일일이 뽑거나 깎은 다음에 발라야 하고, 또 바르고 난 다음에도 20~30분씩 잠을 자야 하는 등 대단히 불편했는데, 연분이 발명되면서 이러한 불편도 한꺼번에 해결되었다. 이처럼 몸을 청결히 하고 가꾸는 것을 중시했던 신라인들에게 대중목욕탕이 있었던 것은 너무나 당연한 일이었다.

한층 과감해진 고려 사람들

고려 시대의 목욕 풍습은 신라 때보다 좀 더 과감(?)해졌다. 절뿐만 아니라 다른 장소, 예컨대 냇가에서도 여럿이 함께 목욕을 했으며, 심지어 남녀가 함께 목욕을 하기도 했다.

송나라 사람으로 고려에 사신으로 왔던 서긍徐兢이 기록한『고려도경』에 여기에 관한 기록이 있다. 서긍은 송의 마지막 황제였던 휘종의 사신으로 1123년 개성에 도착해서 한 달 정도 지냈는데 그때의 경험을 바탕으로 당시의 사회상을 그려 휘종에게 바쳤다. 한 가지 아쉬운 점은 1126년 휘종에게 바쳤던 정본이 송이 망하면서 사라져 그림 없는 기록만 남게 된 것이다. 아무튼 이『고려도경』에는 서긍이 직접 목격하여 기록한 목욕 이야기가 나오는데, 한 개울에서 남녀가 함께 어울려 목욕을 했다 한다. 홀딱 벗고 했는지 어쨌는지는 알 수 없지만…….

2
역사상 가장 화려한 귀고리는
남자의 것?

삶
람

내시의 어머니는
세 명이다?

낳아준 어머니, 길러준 어머니 그리고 쇠귀 할머니

조선의 내시는 어머니가 둘이었다. 한 분은 낳아주신 어머니이고, 또 한 분은 길러주신 의붓어머니이다. 내시는 결혼하여 가정을 꾸릴 수는 있었지만 고자였으므로 양자를 들였는데, 이 또한 고자인 아이를 데려다 길렀다(조선시대에는 일반적으로 성이 다른 아이를 양자로 들이지 않았지만 내시에게는 특별히 성이 다른 양자도 허용하여 대를 이을 수 있도록 했다). 이 아이를 키워 다시 궁중에 들였으므로, 조선 시대 모든 내시에게는 어머니가 둘이었던 것이다.

그런데 내시에게는 생모와 양모 못지않은 한 명의 어머니가 더 있었다. 내시들은 대대로 이 어머니에게 제사를 지냈다. 죽은 뒤 우이동(牛耳洞, 소의 귀를 닮은 봉우리 아래에 위치한 마을)에 묻혔다 하여 쇠귀 할머니라고 불렀다.

쇠귀 할머니는 원래 개성에서 혈육 하나 없이 혼자 살던 돈 많은 과부였다고 한다. 그런데 조선왕조가 도읍을 한양으로 옮기자 기막힌 생각을

떠올렸다. 예전의 내시들을 쫓아내면 새로운 내시가 필요할 거라고 생각
했던 것이다. 그래서 개성 근교의 고자들을 끌어모았다. 그 가운데 인물
이 좋고 재주 있는 사내 일곱을 골라 양자로 삼은 다음 글을 가르치고 궁
중 법도를 익히게 했다.

그리고는 가진 돈으로 실력자들을 만나 뇌물을 주거나 설득하여 이들
일곱을 내시로 들여보냈다. 그들이 점차 요직에 오르자 궁궐 근처에 집
을 짓고 이제는 전국에서 고자를 불러모았다. 이들 역시 교육을 시키고
유능한 자들은 양손자로 삼아 2대 내시로 만들었다.

왕을 귀양 보낼 정도였던 내시의 힘

원래 내시는 직위 이름이다. 왕 가까이에서 시중을 드는 사람을 궁궐 안
에서 근무한다고 하여 내시라고 했다. 궁중에서 일하는 거세된 남자는
따로 환관宦官이라고 불렀다. 대개 환관이 내시직을 맡았기 때문에 고려
말 이후에는 내시와 환관이 동의어가 된 것이다. 그 이전에는 세도 있는
가문의 용모와 재주가 뛰어난 청년, 혹은 재주 있는 문신을 내시로 임명
하기도 했다. 그러다가 고려 의종 이후 환관이 내시에 임명되며 조선에
까지 이어진다.

내시는 왕 주위에서 일했기 때문에 왕과 접촉할 기회가 많았고, 여러
가지 궁중의 비사에 간여하기도 했다. 그런 위치를 이용해 간혹 권력을
넘보고, 실지로 강력한 힘을 행사한 사람들도 있었다.

역사를 통틀어 내시가 강장 강력한 힘을 가졌던 시기는 고려가 원나라
에 굴복했던 14세기이다. 이미 13세기에 내시의 승진을 6품 이하로 제한
했던 법이 폐지되면서 내시의 힘이 강해지기 시작했는데, 1300년(충렬왕
26년)에 왕비였던 제국대장공주가 내시 몇 명을 원나라에 바친 이후 급

속히 그 힘이 확대되었다. 원나라로 간 내시들이 원의 궁중에서 일하면서 총애를 받더니 그 힘을 빌미로 고려의 내정에 압력을 행사했고, 덩달아 고려의 내시들도 약화된 왕권 아래서 세력을 키웠다. 심지어 백안독고사伯顔禿古思라는 고려 출신의 내시는 원나라 임금(영종)에게 청을 넣어 고려의 왕이었던 충선왕을 귀양 보내기까지 했으니 그 힘이 참으로 막강했다.

1356년(공민왕 5년)에는 드디어 궁궐 내에 내시들의 관청인 내시부가 생겼다. 환관의 수도 늘어났고 승진도 정2품까지 가능하게 되는 등, 궁중 구석구석에 내시의 손길이 닿지 않은 곳이 없었다. 그러다가 이성계가 혁명을 일으켜 조선을 세우는데, 이 새로운 세력은 고려 말의 환관 세력에 증오를 품고 있었다. 쇠귀 할머니가 등장한 것은 바로 이때, 즉 환관 세력이 물러나면서 생긴 공백기였다.

내시들의 파벌 싸움

쇠귀 할머니가 교육시켜 궁중에 들여보낸 내시들은 궁궐 밖의 관동과 자하동에서 집단 거주했다. 한 가지 재미있는 사실은 쇠귀 할머니가 죽을 때 많은 재산을 남겼는데 관동에 살던 내시들에게 자하동 내시들보다 더 많은 재산을 물려줘서 내시들이 이후 관동파와 자하동파로 갈라지게 되었다는 것이다. 이미 말했던 것처럼 내시들은 결혼을 하고 고자를 양자로 들이는 방법으로 대를 이었고, 그 자식들이 다시 내시로 궁중에서 근무했기 때문에 관동파와 자하동파는 조선 시대 내내 대를 이어가며 반목을 계속했다.

내시부는 조선 시대에도 존속되었다. 하지만 고려 말에 뜨거운 맛을 힌민 본지다 조신 황실은 내시가 일만 성사에 산여하지 못하도록 엄격히 통제했다. 대신 별도의 관직을 만들어 종2품 상선尙膳을 최고직으로 하여 종9품 상원尙苑까지 59명의 내시에게 직위를 주었다. 이밖에도 잡일을 하는 비관직 내시가 있어 궁중의 내시는 총 240여 명에 달했다. 이들 모두가 쇠귀 할머니 계보라고 보기는 어렵지만 요직은 대개 관동파와 자하동파의 인물들이 차지했다.

조선 왕실이 끝나가던 19세기 말에서 20세기 초까지도 내시들은 쇠귀 할머니의 산소에 해마다 제사를 지냈다. 고자로 태어나 결혼도 못하고 지낼 처지였던 자신들을 구원해준 이가 바로 쇠귀 할머니였기 때문이다. 그들에게는 쇠귀 할머니가 낳아준 어머니나 길러준 어머니 못지않은 귀한 어머니였던 셈이다.

고려인들은 60일에 한 번씩 밤을 새워 놀았다

삼시충이 외출을 하면 수명이 줄어든다

밤을 꼬박 새우며 노는 것처럼 신나면서도 피곤한 일은 없다. 신나게 놀았던 만큼 다음 날이면 피로가 고스란히 돌아온다. 그런데 고려 사람들은 그 일을 60일에 한 번씩, 일 년이면 여섯 번을 했다고 한다. 무슨 까닭이었을까? 온 국민이 60일마다 한 번씩 밤을 꼬박 새며 놀았던 것을 어떻게 이해해야 할까?

고려 사람들이 60일에 한 번씩 백야의 축제를 벌였던 그날은 육십갑자로 세어 경신일庚申日에 해당하는 날이다. 당시의 도교에서는 이날 아무런 형체도 없이 사람의 몸에서 기생하는 삼시충三尸蟲이라는 놈이 사람이 잠든 틈을 타 외출을 한다고 믿었다.

사람의 몸에서 빠져나온 삼시충은 곧장 하늘로 올라가서 옥황상제를 만난다. 그리고 지난 60일 동안 자신이 숨어지냈던 몸의 주인이 어떤 죄를 지었는지 낱낱이 고해바친다. 그러면 옥황상제는 죄질에 따라 벌을 주는데, 그 벌은 수명을 단축시키는 것이다.

그래서 사람들은 이날 삼시충이 몸에서 빠져나가지 못하도록 아예 밤을 새워 술을 마시고 놀았으며, 이것을 경신수야庚申守夜라고 했다.

도교에서는 하늘이 내려준 사람의 수명을 120년으로 본다. 누구나 120년은 살 수 있지만 죄를 지으면 그 수명이 단축된다. 그런데 옥황상제가 어떻게 사람의 죄를 일일이 다 알겠는가? 그래서 옥황상제는 사람마다 삼시충이라는 놈을 심어놓고 60일에 한 번씩 보고를 받은 것이다. 옥황상제는 죄질에 따라 최하 3일에서 최고 300일까지 그 사람의 수명을 단축시켰다.

도교 신앙에서 비롯된 경신수야는 원래 중국 송나라에서 행해지던 풍속이었다. 고려도 이것을 받아들였는데, 왕부터 일반 백성에 이르기까지 전 국민이 따르지 않는 자가 없었다.

잘 노는 것으로 역사에 길이 남은 충렬왕

『고려사』에 나오는 경신수야에 관한 최초의 기록은 1265년의 일이다. 원종(고려 24대왕, 재위 1259~1274년) 6년에 궁중에서 열린 경신연회에 대한 기록인데, 이 연회의 주최자는 태자 심諶이었다. 그가 나중에 충렬왕(고려 25대왕, 재위 1274~1308년)이 된다. 그는 몽고에 충성한다는 의미로 이름에 '충'자를 붙인 최초의 임금으로, 몽고에 의존하여 왕위를 지킨 인물이었다. 삼별초가 몽고에 저항하는 동안 몽고에 피해있다가 삼별초가 무너지고 아버지가 죽자 고려로 돌아와 왕이 되었다.

역사에는 그가 놀기를 워낙 좋아했으며, 왕이 된 후에는 사냥을 하도 즐겨 국고가 바닥날 정도였다고 기록되어 있다. 그런 그가 궁중에서 벌인 연회이니 오죽했겠는가? 대신들과 더불어 밤새워 술을 마시며 자지 않았다고 하니, 결국 노는 것으로 역사에 남았다고 볼 수 있다.

경신일을 둘러싼 조선 성종과 언관들의 대토론

이 경신일의 축제 전통은 언제까지 계속되었을까? 조선으로 넘어와 『성종실록』을 살펴보면 이와 관련하여 재미있는 이야기가 나온다.

때는 성종 17년(1486년) 11월 19일 경신일이었다. 그날 성종은 일찍부터 종친들을 불러 창기와 악공들이 흥을 돋우는 가운데 잔치를 벌였는데, 잔치는 자정을 넘어서까지 계속되었다. 외정外庭에서는 대신들이 술을 마시고 있었는데, 호조판서 노사신과 예성군 어유소 등은 모두 취해 부축을 받고 나갈 정도였다. 사태가 이렇게 되자 대사헌 이경동을 비롯한 사헌부의 언관들이 임금의 술자리로 몰려갔다.

이경동은 경신일의 축제가 도교적 미신이라는 등 일곱 가지 이유를 들어 성종에게 어서 잔치를 파할 것을 청했는데, 그중 두 번째 이유는 이러하다.

"옛말에 이르기를, '오吳나라 임금이 칼쓰기를 좋아하자 백성이 칼에 상한 흔적이 많아졌고, 초楚나라 임금이 허리가 가는 여자를 좋아하자 궁중에 굶어죽는 여자가 많았으며, 성 안에서 높은 상투를 좋아하자 사방의 상투 높이가 한 자가 되었고, 성 안에서 큰 소매를 좋아하자 사방에서 소매를 온필[全匹]로 했다'고 했으니, 위에서 좋아하는 것이 있으면 아래에서는 반드시 더 심하기 마련입니다. 이제 전하의 이 일을 들으면 여염가의 백성들이 반드시 서로 기뻐하며 말하기를, '착하고 밝으신 주상도 하시는데 우리들 소인이야 어찌 그만둘 수 있으랴?'하면서 집집마다 남녀가 모여 앉아 밤부터 낮까지 취하도록 마시고 법을 범할 것이니, 그것이 정치의 누가 됨이 어찌 크지 아니하겠습니까? 그것이 옳지 못한 두 번째 이유입니다."

이미 술이 거나해진 성종은 무려 일곱 가지 이유를 내세워 상소하는 언

〈부벽루에서의 연회〉, 김홍도, 국립중앙박물관

부벽루에서 열린 성대한 잔치에 악사와 무용수가 흥을 돋우고 있다. 조선 성종도 경신일에는 종친들과 모여 술과 연회를 즐겼다.

관들에게 "내가 이치에 맞는 부처의 말도 믿지 않는데 하물며 삼시충이 두려워 밤을 지키겠는가? 단지 친족과 유대를 돈독히 하기 위함이다"라고 했다. 변명치고는 그럴듯했다. 그러나 이왕 큰맘 먹고 나선 길, 언관들이 재차 잔치를 파할 것을 주장하자 성종은 끝내 화를 냈다.

"그대들이 임금의 말을 듣지 않으니 내가 다시 무슨 말을 하겠느냐?"

그러나 언관들도 만만히 물러나지 않았다. 다시 아뢰기를, "저희들은 이미 노사신과 어유소가 의정의 잔치에 참여했다가 모두 술에 취해 부축을 받고 나가는 것을 보았습니다. 이 점으로 미뤄 내정의 종친들 또한 반드시 크게 취했으리라 판단합니다. 성상께서 즉위하신 후로 정도를 지나친 일이 이보다 심한 적이 있지 아니합니다"라며 물러설 기미를 보이지 않았다. 성종은 그제서야 마지못해 신하들의 청을 응낙했다.

"경들이 나로 하여금 과실이 없게 하려고 한다니, 내 마음도 매우 흡족하다. 장차 잔치를 파하겠다."

아, 그러나 끈질긴 이경동! "잔치를 파하겠다는 하교가 계시니 기쁘기 한량없습니다. 다만 이미 밤이 이고二鼓에 이르렀는데 아직 파하지 아니했으니 신들은 실망을 이기지 못하겠습니다. 청컨대 즉시 파하게 하소서. 신들은 잔치가 파하는 것을 보지 아니하면 감히 돌아가지 못하겠습니다."

결국 성종은 두 손을 들고 말았다. 그러나 마지막까지 임금의 체통을 내세웠다.

"마침 비가 내릴 징조가 있어 파하는 것이며 경들의 말을 들어 그리하는 것은 아니다."

이처럼 성종 때에도 경신 축제의 전통은 계속 이어지고 있었고, 이후로도 폐지되지 않고 면면히 이어져 내려왔다. 실록에 따르면 2년 후 또다시 언관들이 경신일의 밤샘을 폐지하도록 청했지만 성종은 전통이라는 이유로 좋지 않은 점만 고치라고 말했다고 전한다.

18세기까지 이어진 경신일의 전통

경신일의 밤샘 연회가 없어진 것은 그로부터도 2백여 년이 더 지난 1759년 영조(35년)의 일이나. 영조는 밤샘 연회를 금시키는 대신 등불을 밝히고 근신하면서 밤을 새우도록 명했다. 이로 미루어 보면 경신일에 밤을 새우는 전통은 18세기 중엽까지 계속되었음을 알 수 있다.

전통이란 참으로 끈질기다. 도교적 전통에서 시작된 경신수야만 해도 고려를 거쳐 조선 영조 때까지 무려 6백 년 가까이 이어졌다. 시작은 종교적 이유였지만 나중에는 온 백성이 즐기는 풍속이 되었다. 마치 크리스마스 이브에 기독교와는 아무 관계도 없는 사람들까지 덩달아 축제 분위기에 휩싸이는 것처럼 말이다. 그러나 전통은 또 어느 순간 아예 기억 속에서 사라져 버리기도 한다. 6백여 년이나 계속된 경신수야의 전통이 사라진 지 겨우 2백여 년이 지났지만 이젠 아무도 그 전통을 기억하지 않는다.

1500년의 역사, 처가살이의 전통

서류부가, 사위가 부인의 집에 머물다

시집살이에 대해 옛 여인들은 이렇게 노래한다.

"귀먹어 삼 년이요 눈 어두워 삼년이요/ 말 못하여 삼 년이요 석삼년을 살고 보니/ 배꽃 같은 요 내 얼굴 호박꽃이 다 되었네(시집살이 노래 중에서)."

석삼년을 그저 아무 소리 없이 고된 시집살이를 견뎌야 했던 옛 여인네들. 그러나 이건 어디까지나 조선 중기 이후에 벌어졌던 일이다. 그전에는 남자들이 처가살이를 해야 했다. 시집살이가 고됨과 육체적 고통의 나날이라면 남자들의 처가살이는 굴욕과 정신적 고통의 세월인 것이다. 모든 시집살이와 처가살이가 다 그렇지는 않았을 테지만 말이다.

처가살이의 전통은 한국 전래의 것으로 생각된다. 『삼국지』 「위지」 동이전의 고구려조에는 서류부가壻留婦家, 즉 사위가 부인의 집에 머무는 관행에 대해 언급하고 있다. 혼인이 결정되면 신부 측에서는 집 뒤에 작은 서옥(壻屋, 사위집)을 지었다. 혼인날 신랑이 와서 혼인을 청하면 부모는 혼인을 허락하고, 신랑과 신부는 그 서옥에서 첫날밤을 치른다. 신랑은 다음 날 일단 혼자 집으로 돌아갔다가 처가와 본가를 왔다 갔다 하면서 지내고, 신부는 자식이 장성할 때까지 친정에서 살다가 시댁으로 갔다.

고려 시대에도 자식이 출생하여 성장할 때까지 신랑이 처가에서 오랫동안 거주하는 습관이 있었다. 고려 후기의 호적을 통해 보면 32호의 가족(양인 19호, 천민 13호) 중에 처부와 처모를 포함하는 가족이 3호, 사위를 포함하는 가족이 6호나 발견된다. 고려의 풍습이 대체로 신라의 것을 따랐으니 신라 시대에도 비슷한 관습이 있었음을 미루어 짐작할 수 있다.

혼인해서도 신부가 시댁에 가지 않고 신랑과 함께 친정에서 사는 이 전통은 나라에서도 전혀 간섭하지 않았다. 고구려 성립 시기를 기점으로 한다면 17~18세기까지 1천 5백년 이상 한국 남자는 처가살이를 경험해 왔던 것이다.

처가살이 전통과 유교식 가정의례의 한판 싸움

이렇게 오랜 처가살이 전통을 바꾼 것은 유교였다. 조선의 양반들이 성자처럼 받든 주자가 만든 가정의례집 『가례』에는 신랑이 자기 집에서 신부를 맞이해야 한다고 규정되어 있다. 천수백 년 동안 이어진 처가살이의 전통과 유교의 규정이 맞지 않아 이 문제는 조선 초기부터 논란의 대상이 되었다. 태종은 "다른 것들은 모두 중국의 예를 따르는데 혼례만이 구습대로여서 중국인에게 웃음거리가 되고 있다"라고 했다.

혼례를 신랑집에서 치르면 당연히 신랑집에서 살게 되니 처가살이는 없어지게 마련이다. 그러나 민간의 풍속은 사라지지 않았다. 명종 4년(1549년)에는 예조판서 윤개와 사헌부 사이에 논쟁이 벌어진 일도 있었다. 윤개가 신랑집에서 혼례를 치를 것을 다시 주장하자 사헌부에서, 조선이 중국과 문물이 다른데 어찌 일방적으로 중국만 따를 것이냐는 논리를 들어 반대했던 것이다.

처가살이의 전통을 혁파하기 위해 『가례』에 이른 대로 신랑집에서 혼례를 치르는 것을 친영親迎이라고 한다. 이 관습은 백성들에게는 환영을 받지 못했지만 조선 초부터 왕실이나 대신들이 끊임없이 주장했기에 점차 변형된 형태로 수용되기 시작한다. 자식이 장성할 때까지 처가살이를 하는 풍습은 없어지고 길어야 몇 년 정도 처가에서 살거나 부인은 처가에 두고 남편은 본가에 살면서 오고가기도 했다.

율곡 이이가 어머니 사임당의 고향인 강릉에서 태어난 것도 그 때문이다. 사임당은 열아홉 살에 혼인을 했지만 시집 살림을 도맡기 위해 서울로 올라온 것은 서른여덟 살 때였다. 사임당의 친정 어머니 또한 혼인 후에도 친정에서 계속 살았기 때문에 사임당도 어린 시절 외가에서 자랐다. 사임당이나 사임당의 어머니 모두 본가에 아들이 없어 아들 대신 친정에 살았다고는 하지만 당시 풍속의 덕을 입었기에 유학자의 집안이면서도 친정에 머물 수 있었던 것이다.

16세기 말에서 17세기 초에 들어서면서 처가살이의 전통은 점차 사라졌고 반친영半親迎이라 하여 혼례는 신부집에서 치르되 사흘만 묵고 신랑집으로 갔다. 그러므로 새색시의 혹독한 시집살이는 이때부터 본격화한 것이다. 아들딸 낳고, 그 아이들이 장성한 다음에 시집으로 들어갔던 전시대의 여성들에 비하면 훨씬 불리한 결혼 생활이었다.

귀머거리 삼 년, 봉사 삼 년, 벙어리 삼 년으로 석삼년을 죽은 듯이 지내야 했던 조선 중기 이후의 여성들은 너무 늦게 태어난 것을 원망해야 할까, 아니면 너무 일찍 태어난 것을 한탄해야 할까?

조선 시대 머슴들의
유일한 휴무일

명절에 더 바빴던 머슴들

토요일, 일요일이 없던 조선 시대의 머슴들에게 휴일이 있었을까? 명절에는 좀 쉬지 않았을까? 설, 한식, 단오, 추석 같은 4대 명절날이나 24절기 같은 날 말이다.

아니다. 양반이나 일반 양민들이 모두 하루를 쉬며 즐겁게 먹고 놀아도 그들은 쉬지 못했다. 오히려 더 고된 노동이 있을 뿐이었다. 그나마 머슴들에게 가장 편했던 시기는 농번기가 지난 겨울이었다. 이런저런 잡일이야 끊이지 않았지만 힘든 농사일을 하지 않아도 되었기 때문이다.

하지만 고양이가 쥐를 몰 때도 도망갈 길은 남겨두는 법. 겨울철 말고 꼭 하루 이들이 쉬는 날이 있었다. 바로 2월 1일이다. 삭일朔日이라 하여 조정에서 농사에 힘쓸 것을 특별히 당부하는 날이다. 음력 2월 1일은 바야흐로 농사일이 시작되는 때였다. 즉 한 해 농사를 위해 갖가지 준비를 해야 하는 시기였다.

이날 하루 노비를 쉬게 한 까닭은 한 해 내내 본격적으로 일을 시키기 전에 미리 그 수고를 위로해주기 위해서였다. 이날 주인은 음식을 푸짐하게 장만하여 노비들을 배불리 먹이고, 술을 듬뿍 내어 취하도록 마시게 했다. 또 특별히 송편을 빚어냈다. 정월 대보름날 볏단에 담아두었던 곡식을 꺼내 흰떡을 만들고 콩을 넣어 여민 다음, 시루 안에 솔잎을 깔고 이것을 올려놓고 푹 찌면 송편이 된다. 이 송편을 노비에게 나잇수만큼 먹이는데, 나이 많은 노비는 이것만으로도 배가 불렀다. 이 밖에도 팥이나, 꿀, 붉은 대추, 삶은 미나리를 넣어 빚기도 했다. 이런 음식은 노비뿐만 아니라 일반인들도 2월 내내 먹는 시절 음식이기도 했다.

'그들만의 잔치'를 벌였던 머슴들

머슴날에는 따로 노비들끼리 모여 풍물을 치고 노래와 춤을 즐겼다. '그들만의 잔치'를 열었던 것이다. 일부 지역에서는 머슴뿐만 아니라 일반 농군 중에 막 성인이 된 이들의 성인식도 겸했다 한다. 경남 의령이나 양산 지역에서는 이날 스무 살이 되는 사내들이 동네 어른과 일꾼들에게 술과 음식을 한턱내서, '이제부터는 나도 성인이오' 하고 신고식을 했다고 한다. 그래서 이날 성인식을 치른 사내들은 당당히 한 사람 몫의 노동력으로 평가받아 품앗이를 할 수 있었다.

노비일, 혹은 머슴날은 가장 값싼 노동력을 일년 내내 제공받는 데 대한 주인의 배려였다. 주인이 마음대로 사고팔 수 있을 뿐만 아니라 심지어 주인 마음대로 처벌해도 관가의 방해를 받지 않았던 노비, 이들은 이날 하루 술에 기대어 자신들의 신세를 잠시 잊을 수 있을 뿐 다음 날부터 또 한 해의 고된 노동에 시달려야 했다.

역사상 가장 화려한 귀고리는 남자의 것?

귀를 뚫었던 조선의 남자들

박물관에 전시된 금이나 옥으로 만든 귀고리를 보면서 그것이 남녀노소를 불문한 장신구였음을 생각해본 적이 있는가? 조선 선조 때까지 남자에게도 귀고리를 착용하는 풍습이 있었음을 상상해본 적이 있는가? 선조는 남자들의 귀고리 풍습에 노하여 다음과 같은 전교를 내렸다.

"신체身體와 발부髮膚는 부모에게 물려받은 것이니 감히 훼상毀傷하지 않는 것이 효의 시초라고 했다. 우리나라의 크고 작은 사내아이들이 귀를 뚫고 귀고리를 달아 중국 사람에게 조소를 받으니 부끄러운 일이다. 이후로는 오랑캐의 풍속을 일체 고치도록 중외中外에 효유曉諭하라. 서울은 이달을 기한으로 하되 혹 꺼리어 따르지 않는 자는 헌부가 엄하게 벌을 주도록 하라(선조 5년, 1572년)."

임금이 직접 이런 명령을 내린 것만 봐도 당시 남자들의 귀고리 풍습이 적잖이 행해지고 있었음을 알 수 있다. 그러나 선조의 전교 이후 남자의 귀고리는 사라졌고 여자들도 귀를 뚫는 대신 귀에 거는 파란 귀고리를 만들어 사용하게 되었다.

하지만 선조가 귀고리를 오랑캐의 풍습이라고 말한 것은 명백한 잘못이다. 박물관에서 볼 수 있듯이 귀고리는 우리 민족이 아주 오래전부터 즐겨 사용해온 장신구이기 때문이다. 또 귀고리는 단순한 장신구가 아니라 부적의 역할도 했다.

귀고리가 가장 화려한 각광을 받은 것은 삼국 시대이다. 당시의 무덤에서는 다양한 형태의 귀고리가 출토되고 있고, 국보로 지정된 것도 여러 개다. 귀고리의 재료는 금, 은, 청동, 금동 등 여러 가지였는데 가장 많이 쓰인 것은 역시 금으로, 금귀고리는 신라 귀족들의 사치품이었다.

치장하고 꾸미는 것이 경쟁력이었던 신라 화랑들

남자의 귀고리가 역사상 가장 화려했던 때는 역시 화랑이 존재하던 신라 시대라 할 수 있다. 화랑도는 원래 정부가 훌륭한 인재를 뽑기 위해 젊은 이들로 하여금 무리지어 어울리게 했던 데서 출발했다. 그런데 화랑은 같은 시대에 한 무리만 존재한 것이 아니었다. 많을 때는 7개의 화랑 무리가 동시에 떼 지어 다니기도 했는데, 한 무리는 화랑 1명과 몇 명의 승려, 그리고 화랑을 따르는 여러 사람의 낭도로 구성되어 있었다. 화랑은 자신을 추종하는 낭도를 거느린 무리의 지도자인 셈이다. 따라서 화랑들 사이에 치열한 경쟁이 벌어졌을 가능성이 높다.

재미있는 것은 화랑을 선정하는 기준이었다. 당나라 승려의 신라 견문기인 『신라국기新羅國記』에는 화랑의 선정 기준에 대하여 이렇게 적혀 있다.

"귀인 자제 가운데 어여쁜 자를 뽑아 분을 바르고 곱게 단장하여 화랑이라고 부르니 나라 사람들이 모두 높이 섬긴다."

화랑들은 대개 열다섯 살에서 열여덟 살 정도의 젊은이였다. 어여쁘다는 말을 붙여도 됨직한 나이다. 정작 중요한 언급은 그들이 분을 바르고 치장에 힘썼다는 것이다.

화랑들은 특히 멋진 옷으로 치장하고 구슬로 장식한 모자를 쓰는 등 귀족의 자제로서, 무리의 우두머리로서 사치를 부렸다. 결정적인 것은 그들이 귀고리를 했다는 것이다. 아마 화랑들은 자신의 무리가 더 뛰어남을 알리기 위해 경쟁적으로 꾸미고 금은 귀고리를 달았을지도 모른다.

조선 선조 이래 금지되었던 남자들의 귀고리 착용이 4백여 년을 건너뛰어 다시 유행하고 있다. 아직도 남자가 무슨 귀고리냐고 반발하는 사람이 많다. 그런 사람이라면 박물관에 꼭 가보길 권한다. 그곳에는 우리들의 먼 할아버지들이 자랑스럽게 귀에 걸었던 귀고리가 아직도 금빛 찬란하게 빛나고 있으니까.

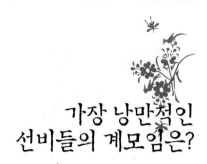

가장 낭만적인
선비들의 계모임은?

풍류가 넘치는 시계詩契

한국의 옛 마을에서는 갖가지 종류의 계契모임이 활발했다. 오늘날의 관점에서 보면 재미있는 계들이 많아서 청상과부들은 청상계를 묶었고, 젖이 나오는 아줌마들끼리 젖계를 맺어서 젖을 못 먹는 아이들에게 돌아가며 젖을 먹이기도 하였다. 이밖에도 동갑인 사람들끼리는 갑계, 과거에 합격해 함께 방이 붙은 동기생끼리는 방계 등 구실만 있으면 계를 만들었다. 인터넷 가입자가 늘어나면서 수만 개의 동호회가 폭발적으로 만들어지는 오늘의 상황을 보면 계모임은 끼리끼리 즐기는 한국인의 오랜 본성이라는 생각이 든다.

그중 가장 낭만적인 계라고 한다면 단연 선비들끼리 모여서 하는 시계詩契가 아닐까 싶다. 시계란 마음에 맞는 선비들이 날을 정해 풍치 좋은 곳에 모여서 시를 지으며 노는 모임이다. 멋들어진 경치를 보면서 그날의 운을 띄우고, 저마다 눈을 지그시 감고 혹은 술이라도 한잔씩 걸치며 시상을 가다듬는다. 물론 시간 제한이 있었는데, 그것을 알리는 시한장

〈그림감상〉, 김홍도,
국립 중앙박물관

한 장의 그림을 두고 유생들이 둘러서
서 감상을 하고 있다. 우리 선조들은 여
럿이 모여 자연을 벗하며 시를 읊거나
그림을 그리며 풍류를 즐겼다.

치도 풍류가 넘친다. 시종時鐘이라는 것이다. 엽전을 단 긴 끈을 근처 나
뭇가지에 길게 매어늘인 다음 그 끈 중간에는 향나무를 꽂는다. 이 향나
무가 시한장치 역할을 하는데, 불을 붙이면 서서히 타들어가다가 일정한
시간이 지나면 끈이 타서 끊어지게 된다. 엽전 밑에는 놋대야를 엎어놓
는데 엽전이 떨어져 쨍그랑 하는 소리를 내게 되면 시쓰기를 마쳐야 하
는 것이다.

노래와 시를 즐겨 온 한국인

유명한 시계들도 많았다. 연산군 시절 조정의 화를 피해 고향에 돌아온
선비들 중 조춘풍 등의 선비들은 '학시사'라는 것을 했다. 학은 지조의
상징인 새인데, 글 읽는 소리를 들으면 은근히 눈을 내리깔며 글을 많이
들을수록 그 오묘함이 더하고, 새벽의 꽃 이슬로 벼슬을 닦아주면 선홍

빛깔이 한층 맑아진다고 한다. 그래서 학시사의 계원들은 학을 한 마리씩 기르며 한 해를 지낸 후 일 년에 한 번 모여 저마다 데리고 온 학을 평가하고, 그해의 수행 정도를 비교하였다.

또 정약용은 벗들과 죽란시사라는 계모임을 가졌다. 이들은 일년에 네 번 계절마다 모이는데, 그때마다 풍치가 훌륭한 곳에 모여서 자연의 소리를 벗삼아 시를 짓고, 서로의 시를 감상하였다.

시라는 것은 노래의 연장선상에 있는 것이기에, 수천 년 전부터 노래를 좋아했던 한국인이 유난히 좋아하는 문학 장르인지도 모른다. 세계적으로 한국만큼 시집이 많이 팔리는 나라는 없다고 한다.

지난 수세기 동안 한국인은 수많은 외침과 격변의 역사를 통해 마음의 여유를 가질 상황이 아니었다. 그러나 노래를 좋아하고 풍류를 즐기는 한국인의 성정은 몰래 솟아나는 샘물처럼 맑은 서정을 가슴속에 퍼올려 아픈 상처를 씻어냈다. 시계는 이런 한국인의 모습이 가장 낭만적으로 드러난 문화이다.

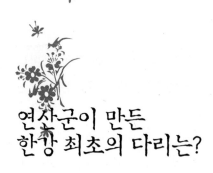

연산군이 만든
한강 최초의 다리는?

사냥을 위해 8백 척의 배를 엮다

근대적 의미로서의 한강에 세워진 최초의 다리는 한강철교이다. 한강철교는 1900년 7월에 준공되었는데 일본인들이 놓았다. 1912년에는 제2한강철교를, 1917년에는 사람이 다니는 길을 만들었다. 그런데 그 이전에도 한강에 다리를 놓은 적이 있었으니, 바로 배다리이다. 연산군 때의 일이다. 연산군은 정승을 비롯한 문무백관과 군사들을 모아 사냥을 다녔는데, 주로 다닌 사냥터가 지금의 강남구 양재동 아래 청계산이었다. 수많은 물자를 동원하였고, 백성들이 농사를 짓든 말든 상관하지 않았기에 그 폐해가 이루 말할 수 없었다.

연산군 6년 10월 1일의 기록을 보면 영의정 한치형韓致亨이 아뢰기를, "청계산淸溪山에서 사냥하실 때에는 아직 그곳의 벼농사를 대부분 수확하지 못했을 겁니다. 따라서 사람과 말이 밟아 손상시킬까 염려됩니다"라고 말하며 사냥 중지를 요청하니 "봄에는 수蒐하고, 여름에는 묘苗하고, 가을에는 선獮하고, 겨울에는 수狩하는 것이니, 10월은 바로 사냥할 시기이다. 백성들이 밭을 수확하지 않는 것은 바로 백성들의 과실이니, 이 때문에 사냥을 폐할 수는 없다"라고 억지를 부린다. 여기서 수, 묘, 선, 수라는 것은 각각 봄 사냥, 여름 사냥, 가을 사냥, 겨울 사냥을 뜻하는 것으로 일 년 내내 사냥을 하겠다는 뜻이다.

이 청계산으로 사냥을 떠나면 동원되는 군사의 수가 5만 명에 달했다. 징집한 군사 3만 명에다가 양반들로부터 그 집 노비와 머슴들까지 모두 동원받아 2만 명을 마저 채웠다. 이 많은 인원에다가 말을 타고 가야 하는 사람들을 포함하니 한강을 배 타고 지나간다는 것은 어불성설. 그래서 한강에 배를 엮어 다리를 세우게 되었다. 이때 동원된 배가 무려 8백 척. 임금의 사냥을 위해 엄청난 배가 동원되었던 것이다. 더구나 임금 행차 때만 설치한 것이 아니라 일 년 내내 배다리를 띄워놓고 수시로 사냥을 다녔으니, 8백 척의 배는 오로지 다리의 용도로만 쓰였다.

5만 명을 동원해 잡은 꿩 한 마리

연산군 11년 10월 25일자 기록을 보자. 연산군은 이날 눈이 올 조짐이 있다 하여 좌의정 박숭질朴崇質로 하여금 군사를 감독하여 사냥을 하라고 보냈다. 이때의 청계산 사냥에도 군사 5만 명이 동원되었음은 물론이다. 그런데 박숭질이 돌아와 임금에게 그날 사냥한 것을 바치니, 연산군이 이를 보고 하는 말이 걸작이었다.

"정승으로서 5만 명을 데려가 고작 꿩 한 마리를 잡았는가?"

5만 명을 동원해 잡은 꿩 한 마리. 그 꿩 한 마리를 위해 좌의정이 산을 타고, 5만 명이 짐승을 몰러다니고, 한강에는 예전에 없었던 8백 척짜리 배다리가 놓였던 것이다. 로마의 네로 황제와 난형난제인 셈이다.

우물 속 물이
썩지 않는 원리는?

우물물의 맛이 유지되는 원리

물이 고이면 썩는다. 그런데 왜 우물물은 썩지 않을까? 샘물은 늘 솟아오르니까? 계속 퍼 가니까? 우물 벽 틈으로 물이 계속 새어나가니까?

세 가지 모두 정답이다. 우물물을 썩지 않게 하는 가장 기본적인 동력은 샘물, 혹은 지하수의 솟구치는 힘이다 맨땅을 파서 만든 토정土井이나 바위틈을 흐르는 물을 받는 석정石井이나 모두 지하에서 지상으로 솟구치는 물의 힘을 갖는다. 이렇게 솟구친 물은 파여진 구덩이나 인공 시설물에 고이게 된다.

또 적절한 배수가 이루어져야 하는데, 우물의 가장 자연스런 배수 시설은 벽의 틈새이다. 굵은 흙알갱이나 나무, 돌을 쌓아서 만든 벽 사이의 틈으로 물은 자연스럽게 빠져나간다. 또한 사람들이 물을 퍼감으로써 물의 순환을 돕는다. 하지만 이것만으로는 충분하지 않다.

벽으로 물이 빠져나가는 것은 아주 조금씩 미세하게 진행되므로 물이 빠지는 동안에 벌써 물이 탁해지기 시작할 수 있다. 그래서 물이 고여 있

〈우물가〉, 김홍도, 국립중앙박물관

물을 긷는 여인에게 지나가는 이가 물 한 바가지를 얻어먹고 있다. 선조들이 찾아낸 공돌쌓기 축조
기법은 우물물을 항상 달고 맛있는 상태로 유지시켰다.

는 시간 동안 우물 속의 물의 흐름을 적절하게 이끌고 물을 자극해줌으
로써 물을 맑고 차갑고 맛있게 만들어줄 필요가 있다. 선조들은 여기서
히니의 긴축술을 빌딜시켰다. 이른바 공돌쌓기이나.

우물 축조법에서 비롯된 건축술, 공돌쌓기

우물은 우물의 벽을 따라 돌을 쌓아 만든다. 마치 돌담을 쌓듯 돌과 돌의 이를 맞추어 괴어올린다. 이때 돌의 생김새가 대단히 중요하다. 우물 주위의 흙은 늘 물에 젖어 있기 때문에 토압을 받아 무너지기 쉽다. 때문에 벽을 쌓은 돌은 힘을 지탱할 수 있도록 뒷부리가 조금 납작해야 한다. 그리고 우물물에 면한 앞쪽은 표면이 까칠까칠하면서도 둥그런 모습을 갖도록 궁글린다. 이는 지하수의 솟구치는 힘으로 움직이는 우물물이 돌의 표면을 따라 자연스럽게 흐르도록 하기 위함이다. 끝이 뾰족하거나 울퉁불퉁하면 물의 흐름을 방해한다. 그러면서도 표면을 까칠까칠하게 하는 것은 물이 자연스럽게 순환하면서도 끊임없이 새로운 자극을 받게 하려는 것으로 반질반질하면 물이 찰랑이지 못한다.

이렇게 공돌쌓기의 축조기법을 이용하면 우물물은 지하수로부터 솟아올라 벽으로 스며들 때까지 끊임없이 순환과 유동을 거듭하면서 달고 맛있는 수질을 보존하게 된다. 어찌 보면 대단히 간단한 것이지만, 하나하나의 과정이 자연의 이치를 인공 우물에 고스란히 담으려는 노력의 결과라 할 수 있다. 물의 흐름을 억제하지 않되 늘 자극을 주는 것, 이것이 우리 선인들이 개발해낸 맛있는 우물물 만들기의 요체이다.

선조들의 우물쌓기에는 '태평성대란 과연 이런 것이다'라는 깨달음이 들어 있는 것 같다. 고요함 속의 끊임없는 변화. 이야말로 태평성대의 참모습이 아니겠는가?

상투 튼 머리 속 열을 식혀라!

'백호친다'는 말의 유래

사극이나 옛 그림에서 상투를 튼 모습을 보다가 이런 의문이 들 때가 있다. 무더운 여름에 너무 덥지 않을까? 머릿속에서 발산되는 열기를 어떻게 감당했을까? 그러나 염려 마시라. 옛사람들은 상투를 틀 때 열기를 피하기 위해 정수리 주변의 머리카락을 둥그렇게 깎아 냈다. 이것을 '백호친다'라고 한다. 요즘 중고등학생들은 머리를 빡빡 깎지 않지만 1970년대까지만 해도 일단 중학교에 입학하면 머리카락을 깨끗하게 밀어버렸는데, 그것도 '백호친다'고 표현했었다. '백호친다'는 말은 조선 시대 선비들에게서 유래한 것이다.

정수리 주변의 머리칼을 깎아낸 다음 '주변머리'를 모아 빗어 올려 정수리 부근에서 상투를 틀었다. 그러니 만약 머리를 풀어헤치면 '소갈머리'가 없어 아주 재미있는 모습이 된다. 죄인들은 상투를 틀지 못하고 머리를 풀어헤치게 되어 있는데, 앞으로는 사극에서 이런 모습을 찍으려면 머리 가운데를 빡빡 민 모습으로 재현해야 옳을 것이다.

2천 년 가까이 지속된 상투 틀기

흔히 생각하는 것과는 달리 『삼국지』「위지」 동이전에는 한반도 사람들이 관모를 쓰지 않고 상투만으로 다녔다는 기록이 있다. 또 고구려 고분 벽화에도 크고 작은 상투를 튼 모습이 보인다. 따지고 보면 거의 2천 년 가까이 상투를 트는 풍습을 유지했던 것이다. 1895년에 김홍집 내각이 일본의 강요에 의해 단발령을 내린 것은 그 긴 세월 동안 이어져온 전통을 파괴한 혁명적 사건이었던 것이다. 단발령에 그토록 치열하게 저항했던 이유를 알 만하다.

몽고 지배기 고려에 등장한 펑크 스타일

그와 비슷한 사건이 역사상 한 번 더 있으니, 바로 몽고에 의해 지배당했던 고려 말기의 일이다. 몽고의 풍습에 따라 이른바 '개체변발'이란 것을 하게 되는데, 이것은 상투를 트는 것과는 정반대로 정수리 부근의 머리카락만 남기고 나머지는 깨끗이 민 다음 뒤통수에서 묶어 길게 땋아내린 것이다. 1278년에 충렬왕이 변발령을 내렸는데, 다만 이때의 조치는 관리들에 대한 것으로 일반 백성이 이에 따랐다는 기록은 없다.

이처럼 우리 선조들에게 머리카락이란 대대로 지켜온 자존심이었을지 모른다. "신체발부는 부모에게서 물려받은 것이니 내 머리를 벨 수는 있으나 내 머리카락을 자를 수는 없다"라며 버티던 그 머리카락이 아닌가? 그럼에도 머리카락을 깎아낸 것을 보면 상투 속이 덥긴 더웠나보다.

조선 시대에 방화범을 중죄로 다스린 이유는?

왕도 노심초사한 화재 사건

성종(재위 1469~1494년)은 화재 예방에 굉장히 관심이 많은 임금이었다. 그는 즉위 초인 1472년 1월 4일에 병조에 명령하여 공적이건 사적이건 불이 나면 매일 이른 아침에 보고할 것을 명했다. 또 그해 2월 23일에는 백성들이 산과 들에 불을 놓지 못하게 할 것을 각 도의 관찰사들에게 지시하기도 했다. 논두렁을 태우거나 짚가리를 태우다가 산불이 나는 경우가 그때도 있었나 보다.

그런데 1474년 말부터 1475년 초에 서울에서 잇달아 화재가 일어나는 사건이 발생했다. 성종은 누군가가 고의로 불을 지르고 다닌다고 생각했던 모양이다. 성종은 우승지 유권을 불러 이르기를, "요즘 한양의 인가에 불이 많이 나니 누군가 원한 있는 자의 소행이 아닌지 두렵다. 그러니 은밀히 화재를 입은 집에 물어서 그럴 만한 사람을 잡아 국문하는 것이 어떻겠느냐?"고 물었다.

그러자 우승지 유권은 세종 때의 일을 들어 불가함을 밀했다. "세종조

병오년에도 화재가 매우 심하여 화적火賊으로 의심이 가는 사람을 십수 명이나 죽였던 일이 있습니다. 그런데 어떤 사람들은 그들이 억울하게 죽은 것이 아니냐고 의심했다 하옵니다. 섣불리 죄주기가 마땅치 않사옵니다. 대신 형조로 하여금 방을 붙여 잡게 하는 것이 어떻겠습니까?"

성종이 곰곰이 생각하더니, "그와 같이 하면 비록 잡을 수는 없더라도 사람들이 그것을 보고 다시 생각해볼 것이니 형조에 전하여 시험하도록 하라"고 했다.

이처럼 조선에서 실화失火는 대단히 엄중한 사건이었다. 왕은 세 칸 이상의 기와집이나 다섯 칸 이상의 초가집에 불이 났을 때는 반드시 보고를 들었고, 인명이 상했을 때도 반드시 보고를 들을 만큼 화재 사건을 중시했다. 따라서 불을 낸 사람이 잡히면 엄벌에 처했다.

방화범은 죽도록 때리거나 죽였다

만약 고의로 자기 집에 불을 냈다가 들키면 곤장 백 대를 맞았다. 보통 사람이 이 정도를 제대로 맞으면 온몸에 장독이 올라 심하면 죽기도 할 정도의 형벌이다. 그런데 만약 자기 집을 태우다가 이웃집이나, 혹시 관아라도 불태우면 형벌이 더 심해졌다. 곤장 백 대를 맞고 나서, 3년간의 유형(流刑, 흔히 말하는 유배)에 처해졌다.

그나마 이 정도의 벌은 가장 약한 축에 속했다. 노비가 주인집에 불을 놓으면 목을 죄어 죽이는 교살형絞殺刑에 처했다. 또 누구든지 민가나 관아의 창고 등에 불을 질러 재산을 심하게 손상시키게 되면 교살형보다 한 단계 더 높은 참형斬刑, 즉 도끼나 칼로 목을 베어 죽이는 벌을 주었다. 요즘 생각하면 어차피 죽는 것은 마찬가지 아니냐고 생각할 수 있지만 당시에는 죄의 등급에 따라 어떻게 죽이느냐를 결정했다.

조선의 임금들은 매년 청명절(『동국세시기』에는 청병, 『열양세시기』에는 한식날이라고 되어 있다. 24절기의 하나인 청명과 동지 뒤 105일째인 한식은 같은 날이거나 한식이 하루 뒤였다)이면 각 관청과 대신들에게 불을 나눠주는 의식을 행했다. 이때는 이미 있던 불이나 유황 등을 이용해 불을 만들지 않고 느릅나무와 버드나무를 문질러 불을 내는 원시적 방법을 택했다. 이제 새봄이 왔으니 과거의 불을 버리고 새 불로 봄을 맞으라는 것이리라. 이처럼 불을 신성시했기에, 불을 잘못 써서 재산이나 인명을 해치게 되면 신성을 모독한 것으로 엄한 벌을 받았던 것이다.

3
섬진강 하구에서
노파가 발견한 것은?

음
식

조선 시대 임산부의
금기 식품은?

달걀을 먹으면 아이가 말을 더듬는다?

어렸을 때 귀에 염증이 생겨 약국에서 처방을 받아 약을 먹은 적이 있었다. 그런데 약사가 그랬는지 주위 어른의 생각이었는지 절대로 돼지고기를 먹어서는 안된다고 했다. 염증이 더 심해진다는 것이다. 바닷가에 놀러가서 다른 식구들이 삼겹살을 구워먹는 동안 나는 혼자서 침만 꿀꺽꿀꺽 삼켰다. 나중에 알고 보니 돼지고기를 먹으면 염증이 생긴다는 것은 잘못된 상식일 뿐이고, 염증이 생겼을 때 고기를 먹으면 영양 보충이 잘돼 오히려 좋다는 것이다. 지금 생각해도 참 억울한 기억이다.

우리나라에는 음식에 관련된 속설과 금기가 유난히 많다. 옛 의학서들을 살펴보면 그것이 일반 무지한 백성들의 머릿속에서 나온 것이 아니라는 것을 알 수가 있다. 『동의보감』『향약구급방』등과 같은 옛 의학서에는 수없이 많은 금기 식품들이 지정되어 있는데, 대개는 과학적으로 근거가 없는 것이다. 하지만 당시의 사람들은 그것을 믿고 있었기 때문에 먹고 싶어도 먹지 못하는 안타까움을 많이 겪어야 했다.

임산부가 달걀을 먹으면 안된다는 것도 그 많은 금기 사항들 가운데 하나였다. 임산부나 수유부에게는 특별히 많은 음식을 조심시켰는데, 대개 아이가 잘못될 수 있다는 위협을 바탕에 깔고 있다. 임산부가 달걀을 먹으면 아이가 말을 더듬거나, 혹은 말을 늦게 배운다고 믿었다. 오늘날 수많은 임산부들이 달걀을 먹지만 과거 어느 때보다 아이들의 말 배우기가 빨라진 것을 생각하면 어디까지나 근거 없는 속설에 불과하다.

음식에 얽힌 속설과 금기들

임산부 금기 식품의 가장 큰 특징은 그 식품의 재료가 되는 동물이나 식물을 아이와 연관 짓는 것이다. 오리고기를 먹으면 손가락과 발가락이 붙는다, 닭고기를 먹으면 피부에 닭살이 돋는다, 게를 먹으면 아기가 옆으로 나온다 등등. 또 뱀장어를 먹으면 눈이 뱀눈이 되고, 가자미를 먹으면 눈이 가자미눈이 되고, 쌍밤을 먹으면 쌍둥이를 낳으며, 팥을 먹으면 아이의 살결이 검어진다는 것도 음식 재료를 아이와 연관시킨 예들이다. 물론 그중에는 현대 의학으로 증명된 금기 식품도 더러 있다. 예를 들어 인삼을 먹으면 젖이 잘 나오지 않는다는 것은 현대 의학도 인정하는 것이다.

금기 음식은 당사자에게는 대단한 고역이다. 그런데 재미있는 것은 이러한 금기 사항들이 지역에 따라 다르다는 것이다. 정식 의학서에 기록된 것을 빼면 지방마다 금기 식품의 종류가 달랐다.

정초에 죽을 먹는 것은 경상도에서는 아무 문제가 되지 않지만 서울을 비롯한 다른 지역에서 금기 사항이었다. 대신 목욕하기 전에 복숭아를 먹는 것은 경상도에서만 금하고 있었다. 또 충청도와 전라북도에서는 닭머리를 금기 식품으로 치지만 다른 지역에서는 아무런 문제도 삼지 않았다. 충청도에서만 칠월 칠석날에 딸기를 먹지 못하도록 하기도 했다. 칠월칠석날에 꼭 딸기를 먹고 싶은 충청도 사람은 도 경계를 넘어가서 먹으면 아무 문제도 없었을 것이다.

　내 어릴 적 삼겹살에 얽힌 원한(?)과 같이 약과 관련된 금기도 많다. 약을 먹는 동안에는 무엇무엇을 먹어서는 안된다는 것이다. 약을 먹을 때 돼지고기를 먹어서는 안된다는 내용은 『향약구급방』에 나오는데, 돼지고기뿐만 아니라 닭고기, 쇠고기, 비늘 없는 생선, 마늘, 콩, 팥, 무, 미역, 과일 등도 먹지 말라고 했다. 약을 먹는 동안에는 생生, 냉冷, 유활柔滑한 성질을 가진 식품을 피하라고 되어 있는데, 생은 날 것, 냉은 찬 것, 유활은 기름기가 많은 것을 가리킨다. 이에 따르면 참기름이나 들기름도 유활에 속하기 때문에 먹어서는 안된다.

　이처럼 이런저런 금기 식품을 많이 정해놓은 것은 병의 치료기술이 발달하지 못한 상태에서 병 자체를 예방하려는 뜻이었을 것이다. 하지만 이제 과학이 발달하여 그럴 필요는 없게 되었으니 쓸데없는 금기로 어린 아이의 창자를 괴롭히지 말아야 할 것이며, 임산부의 영양 공급에 차질을 가져와서도 안될 일이다.

옛 임산부들의 금기 식품

- 닭고기: 피부가 닭살처럼 된다.
- 돼지고기: 풍기가 있고, 족발을 먹으면 육손이 된다.
- 오리고기: 손가락 발가락이 오리발처럼 된다.
- 개고기: 아기가 앙알거린다.
- 토끼고기: 언청이가 되거나 눈이 빨개진다.
- 자라: 목이 짧은 아기를 낳는다.

- 녹용: 머리가 둔한 아기를 낳는다.

- 잉어: 딸을 낳는다.

- 게: 아이가 옆으로 나온다.

- 홍어: 아기 몸이 납작해지고 피부가 거칠어진다.

- 낙지·문어·해삼·가오리: 뼈 없는 아기를 낳는다.

- 가자미: 눈이 가자미처럼 삐뚤어진다.

- 메밀: 임산부의 배가 얇아지거나 유산한다.

- 밀가루: 소화가 안되고 태아가 밀가루를 뒤집어쓴다.

- 쌀: 생쌀을 먹으면 젖이 마른다.

- 팥: 살결이 검은 아기를 낳는다.

- 버섯: 아기가 튼튼하지 못하다. 수명이 짧아진다.

- 고추: 유산하거나 바보를 낳는다. 입덧이 심해진다.

- 무·두부·호박: 임산부의 이가 상한다.

- 미나리: 아기가 복학에 걸린다. 유산한다.

- 더덕: 젖이 안 나온다.

- 밤: 쌍밤을 먹으면 쌍둥이를 낳는다.

- 인삼: 젖이 잘 나오지 않는다. 태아가 커서 난산한다.

- 흰죽: 분만시 태아가 흰 보를 쓰고 나온다.

- 무김치: 임산부의 이가 상한다.

- 감주: 유산한다.

출전 - 『규합총서』『부인필지』

국수와 만두는
원래 메밀로 만들어졌다

쌀은 언제부터 오곡이 되었을까?

여러 가지 이야기가 있지만 근대에 와서는 쌀, 보리, 조, 콩, 기장의 다섯 가지 곡물을 가리켜 오곡이라 부른다. 우리 식단에서 가장 많이 쓰이는 곡물 다섯 가지다. 그런데 우리 역사 속에서 늘 이 다섯 가지 곡물이 오곡이었을까? 『삼국사기』 중 금와왕 이야기를 살펴보자.

> "금와왕이 아직 부여의 태자일 때 일이다. 하루는 신하인 아란불이 말하길 "꿈에 하느님이 나타나 '동쪽 바닷가에 가섭원迦葉原이라는 땅이 있는데, 토양이 비옥하여 오곡伍穀이 잘 자라니 도읍할 만하다'고 하였습니다"라고 말했다. 이에 금와왕은 아버지 해부루(부여의 왕)를 떠나 가섭원에 가서 나라를 세웠으니 이것이 바로 동부여다."
>
> - 『삼국사기』 중에서

이 기록은 오늘날 오류로 판단되고 있다. 서기 285년 부여가 북방 유목 민(선비족)의 침략으로 쇠락해 북옥저로 도피했다가 다음 해에 귀환하는 일이 일어났는데, 그때 북옥저에 남아 있던 이들이 세운 나라가 동부여라는 것이 정설이다. 따라서 금와왕은 동부여를 세운 것이 아니라 아버지 해부루가 부여의 도읍을 동쪽으로 옮긴 이후 그곳에서 계속 왕 노릇을 한 것이라고 할 수 있다.

아무튼 이 기록에서 오곡이라는 단어가 처음 나온다. 그러나 거기까지. 오곡이 무엇인지는 자세한 기록이 없다. 다만 우리 문헌으로는 찾을 수 없지만 중국의 서적인 『후한서後漢書』『삼국지』「위지」동이전 등에 기록이 남아 있다. 여기에 따르면 당시의 오곡은 마摩, 기장, 조, 보리, 콩이었다. 오늘날과 비교해보면 쌀 대신 마(다년생 덩굴뿌리 식물)가 오곡에 속해 있었던 것이다. 즉 3세기까지 쌀은 오곡에 속하지 못하는 식품이었던 것이다.

그렇다면 쌀은 언제부터 오곡이 되었을까? 쌀이 한반도 사람들의 주식이 된 것은 통일신라 시대(7세기 이후)를 지나서 부터다. 따라서 이때부터 마 대신 쌀이 오곡에 포함되었을 것이라고 짐작할 수 있다.

유리왕은 떡 때문에 이사금이 되었다

기록이 없으나 고조선 시대에 오곡들을 먹는 방법의 하나는 떡이었을 것이다. 따라서 떡은 우리가 오곡을 조리해 먹는 가장 오래된 방법 가운데 하나다. 이처럼 역사가 오래되다 보니 그와 관련한 흥미로운 이야기도 전해진다. 바로 신라 3대 임금인 유리왕(24~57년)의 이야기다.

이야기는 신라의 2대왕인 남해왕이 죽으면서 시작된다. 그는 아들인 유리와 사위였던 석탈해를 모두 총애했던 것 같다. 왜냐하면 그가 남긴 유언인즉 아들과 사위가 돌아가면서 왕을 하라는 것이었기 때문이다. 우리는 조선 시대의 장자 왕위 계승 구도에 너무 익숙해 모든 왕조들이 그 러했을 것이라 지레짐작하지만 지금 이야기하는 신라 초기는 조선 시대 왕들로부터 1천 4백 년 이상 과거다. 그러니까 우리와 태조 이성계 사이 의 간극보다 이성계와 유리왕의 간극이 두 배나 멀다. 게다가 신라 초기 는 아직 제대로 된 왕권 국가라고 하기 어려운 시기였기 때문에 조선 시 대와 같은 제도가 운영되었으리라고 짐작하는 것은 대단한 공상이다.

아무튼 전하는 이야기에 따르면 유리와 탈해는 서로 왕위를 양보한다. 그런데 이때 탈해가 제안했다는 이야기가 바로 떡에 대한 것이다. 탈해 가 이렇게 말했다.

"임금의 자리는 용렬한 사람이 감당할 수 있는 바가 아니다. 내가 듣건 대 성스럽고 지혜로운 사람은 이(齒)가 많다고 하니 떡(餠)을 깨물어서 시험해보자."

탈해의 덕망이 높았다고 전하는 걸로 봐서 유리의 이가 더 많은 걸 미 리 알고 양보하느라 이렇게 이야기했을 가능성도 있고, 실제로 그런 속 설이 당시에 있었는지도 모르겠다. 아무튼 이 제안으로 인해 두 사람은 떡을 깨물어 이의 숫자를 세게 되었다. 유리의 이가 더 많았으므로 그가 왕이 되었다. 부왕이었던 남해는 '차차웅'이라고 불렸는데 유리왕을 이 사금이라고 칭한 것도 이사금이 치리齒理라는 의미였다고 이 이야기를 담은 『삼국사기』는 전한다. 『삼국사기』를 정사라고 하지만 신라 초기는 김부식(1075~1151년) 시대에도 천 년 전 옛날이었으니 설화로 이해하는 것이 옳을 듯하다.

학자들은 이때에 나오는 떡이 아마도 가래떡이나 절편을 가리키는 것 이 아닌가 추측하고 있다. 고구려 유적인 안악 3호 고분(375년)의 그림 속에도 떡이 나오는데 부뚜막에는 시루, 그 오른편 밥상 위에는 시루떡이 있다. 이로 보아 삼국에서는 모두 떡을 즐겨 먹었고, 쌀이 주식이 된 이후 우리 민족은 떡을 더욱 즐기게 된 것으로 볼 수 있다.

오곡에 포함되지 못한 곡식

눈치 빠른 독자는 알겠지만 고대에도 오늘날에도 오곡에는 포함되지 못한 곡식이 있다. 오늘날 우리가 쌀보다도 흔히 섭취하고 있는 밀이다. 지금은 밀이 오곡의 중심이어야 할 정도로 식문화가 변했다. 물론 우리 땅에서 충분히 생산되지 않기에 오곡이라 부르기는 어렵지만 그만큼 밀은 식문화의 중심에 당당히 서 있는 것이다. 그렇다면 우리 조상들도 밀을 먹지 않았을까?

흥미로운 것은 이미 기원전 200~100년 경에 한반도에서 밀이 재배되었던 흔적이 나온 것이다. 평안남도 대동구 미림리의 유적이다. 삼국 시대 유적에서도 경주 반월성지, 부여 부소산 백제 군량 창고에서도 밀이 발견된다. 그럼에도 불구하고 밀은 한반도의 지형이나 기후와는 잘 안 맞았던 것 같다. 그러니 밀은 한 번도 오곡에 끼지 못한 것이다.

하지만 고려 때 기록에는 밀로 만들었을 듯한 국수에 대한 언급이 여럿 등장한다.

"10여 종류의 음식 중 국수 맛이 으뜸이다."
–『고려도경』(송나라 사람 서긍이 1123년 고려에 사신으로 다녀간 후 지은 책)

"제례에 면을 쓰고 사원에서 면을 만들어 판다."
–『고려사』

그럼 이때의 국수는 무엇으로 만들었을까? 바로 메밀이었다. 그러니까 우리 국수는 원래 메밀 국수였던 것이다. 국수뿐만 아니라 만두도 메밀로 피를 만들었다고 한다.

"국수는 본디 밀가루로 만든 것이나 우리나라에서는 메밀가루로 국수를 만든다."
 -『고사십이집攷事十二集』(유명한 농학자 서유구의 할아버지 서명응이 1787년 펴낸 책)

역사는 사람만으로 만들어지는 것이 아니다. 오곡의 역사에서 우리는 이를 알 수 있다. 지형과 기후가 함께 역사를 만든다. 쌀과 밀의 엇갈린 운명으로부터 한국인의 식문화가 형성되었고, 더 나아가 이 식문화로 인해 한국인의 삶과 가치도 변해갔을 것이다. 모든 역사는 이렇게 땅과 하늘과 곡식과 식탁의 조화로 이루어진다는 것을 새삼 생각하게 된다.

밥은 언제부터
우리의 주식이 되었나?

여주에서 나온 3천 년 전의 탄화미

쌀이 통일신라 시대를 지나며 오곡의 하나로 자리 잡았다는 이야기는 앞서 했다. 그 후 쌀은 우리 민족의 밥상에서 위세를 넓혔고 대표적 주식의 지위에까지 올랐다. '밥심으로 산다'는 말은 한국인에게 쌀과 밥이 어떤 의미인지를 잘 보여준다. 이번에는 그 쌀과 밥의 이야기를 더 알아보자.

'밥'은 먹는 것이고, '진지'는 잡수시는 것, '수라'는 진어하시는 것이다. 물론 나중에 뒷간에 가면 나오는 건 한가지지만. 한국인은 밥과 관련해 다양한 언어를 구사해왔다. 그만큼 밥의 역사가 오래되었다는 것을 의미한다. 우리나라 사람들은 언제부터 밥을 지어먹기 시작했을까?

'한반도에서 언제부터 쌀을 재배했는가'라는 질문의 답은 꽤 복잡한 역사를 가지고 있다. 일제강점기 일본학자들이 주장한 기원전 1세기 설은 1970년대까지도 영향력이 있었다. 하지만 이후 여주 혼암리 볍씨(기원전 1천 년), 일산 가와지 볍씨(기원전 3천 년)가 잇따라 발견되었고, 급기야 2001년 충북 청원에서 발견된 오소리 볍씨는 1만 7천~1만 3천 년 전

〈논갈이〉, 김홍도, 국립중앙박물관

사내들이 소를 몰아 쟁기질을 하며 흙을 고르고 있다. 한반도에서 쌀은 구석기 시대부터 재배되었으리라 추측된다. 2001년 충북 청원에서 발견된 오소리 볍씨는 세계에서 가장 오래된 것으로 알려져 있다.

의 것으로 세계에서 가장 오래되었다고 추정되고 있다. 즉 일본 학자들이 초기 철기시대로 추정했던 쌀 재배 시점이 청동기, 신석기를 거쳐 구석기 시대 말까지 거슬러 올라가게 된 것이다.

그러나 쌀을 재배한 것과 밥을 지어먹는 것은 별개의 문제다. 밥을 짓기 위해서는 오랜 시간 고열로 물을 끓여야 하는데 청동기는 고열에 견디지 못한다. 다시 말해서 무쇠솥이 개발되기 전까지는 쌀이 있어도 밥을 지어먹지 못했다. 대신 시루에 넣고 쪄서 먹는 방법을 택했다.

안악 고구려 고분 벽화에는 시루에 곡물을 찌는 모습이 그려져 있다. 4천 3백여 년 전 한반도에 나라를 연 우리의 시조 단군 할아버지께서는 아마도 밥 대신 기껏해야 시루에 찐 떡 같은 것을 드셨을 것이다.

천하에 유명했던 한국인의 밥 짓기

한반도에서 밥을 지어먹기 시작한 것은 철기 시대, 무쇠솥이 개발되면서부터이다. 학자들은 한반도에서 철기가 널리 사용된 시점을 대체로 한나라 무제가 낙랑군을 설치하면서부터로 보고 있다. 이때가 기원전 108년이다. 따라서 호동왕자는 낙랑공주(?~서기 32년)가 해주는 밥을 먹었을 가능성이 높다. 『삼국사기』고구려 본기에는 대무신왕 4년, 즉 기원 후 21년의 기록에 '정(鼎, 솥)'과 '취(炊, 밥을 지음)'라는 글자가 나온다. 호동왕자는 대무신왕의 아들이니 낙랑공주가 해주는 밥이 처음 보는 음식은 아니었을 것이다.

아무튼 그후 쌀은 재배 면적이 점점 넓어져 남쪽 지방으로 전파되었다. 더구나 남쪽 지방은 질 좋은 철의 산지여서 맛있는 밥을 지을 수 있는 조건에 잘 들어맞았다. 그러다가 통일신라 시대에 이르러 마침내 쌀은 제1의 주식으로 발전하게 되었다.

『옹희잡지』를 보면 "한국인의 밥 짓기는 천하에 유명하다"고 적혀 있다. 한국 사람의 자화자찬이었을까? 중국 청나라의 장영이라는 사람은 『반유십이합설飯有十二合設』에서 "조선 사람들은 밥 짓기를 잘한다. 밥알에 윤기가 있고 부드러우며 향긋하고 또 솥 안의 밥이 고루 익어 기름지다"고 했다. 밥이 주식이었던 만큼 한국인은 밥 짓기 기술도 뛰어났던 것이다.

『임원경제지』에는 "솥뚜껑이 비뚤어져 있으면 김이 새서 밥맛이 없을 뿐더러 땔감도 많이 들고, 밥이 반만 익어 설다"고 적혀 있다.

앞서 언급한 『옹희잡지』는 "무른 밥을 하려면 밥이 익을 때쯤 일단 불을 뺐다가 1~2경頃 뒤에 다시 때면 되고, 단단하게 하려면 뭉근한 불로 계속 때어야 한다"고 밥짓는 요령을 설명하고 있다. 또 『지봉유설』에서는 "강릉 대령산과 남방 지리산 등지에서 대나무 열매를 따서 밥에 섞어 먹었다"는 기록도 전한다.

밥 짓기는 양반, 농민 할 것 없이 온 백성의 관심사였다. 그 결과 우리는 정말 많은 종류의 밥을 갖게 되었고, 동아시아에서 가장 밥을 잘 짓는 나라로 소문이 나게 된 것이다.

양념 갈비의 원조는
고구려의 맥적

가든 문화를 일찍 알아챈 송시열

가든garden은 원래 나무가 있고, 때로 연못이나 시내가 있는 정원을 뜻한다. 우리나라에서 가든은 무엇을 뜻하는가? 숯불갈비집이다. 외식을 한다든지 손님 접대를 한다든지 좀 특별한 음식을 먹어보자고 하면 으레 갈비부터 떠올리게 되는데, 교외 한적한 국도변의 제법 그럴싸한 갈비집은 물론이고 서울 시내 한복판의 나무 한 그루 없는 갈비집도 'OO가든'이라는 간판을 달고 있다. 이리하여 대도시 주변은 온통 가든으로 뒤덮이게 되었는데, 이런 현상을 일찍이 조선의 큰 선비 우암 송시열이 그의 책 『우암집尤庵集』에서 우려한 바 있다. 그는 "우리나라 풍속은 쇠고기를 으뜸의 맛으로 삼았으며, 이것을 먹지 않으면 죽는 것으로 여겨왔다. 따라서 소의 도살 금지령을 내려도 귀담아듣는 이가 아무도 없다"고 했다.

　외국인들도 우리나라의 갈비를 좋아하는데, 일본의 음식점에서 '가루비'라는 이름으로 우리나라의 갈비 맛을 흉내내어 인기를 끌고 있다고 한다.

한국의 소갈비가 특별히 맛있는 이유는 무엇일까? 그 맛의 비결은 미리 잘 양념이 된 고기를 굽는 데 있다. 중국이나 일본의 고기 요리는 대개 고기 그대로를 굽거나 삶아서 양념이나 장에 찍어 먹는다. 반면 한국의 갈비는 마늘이나 부추 같은 훈채에 양념장을 섞어서 미리 고기를 재어놓아 고기에 맛이 배게 한다. 여기에 숯의 연기까지 스며들어 맛있는 숯불갈비가 탄생하는 것이다. 그런데 이 양념 갈비에도 원조가 있었으니 바로 멀리 고구려인이었다.

유목 민족 고구려의 고기 요리법

고구려인들은 원래 유목 민족의 후손이었기 때문에 고기를 좋아했다. 그래서 남다른 고기 요리법을 보유하고 있었다. 이것을 중국인들은 맥적貊炙이라고 불렀다. 맥은 고구려를, 적은 불 위에서 구워먹는 고기를 뜻한다. 중국 사람들이 이 맥적을 얼마나 좋아했는가는 진晉나라 때의 책 『수신기搜神記』에, "맥적은 이민족의 음식인데도 태시 이래로 중국 사람들이 이를 즐겨, 귀인이나 부유한 집의 잔치에 반드시 내놓고 있으니 이것은 그들이 이땅을 침범할 징조이다"라고 한 데서도 알 수 있다.

맥적을 만드는 법은 오늘날의 갈비와 거의 유사하다. 부추 같은 훈채를 쓰고 거기에 만주에서 난 콩으로 빚은 장을 써서 미리 고기를 잰 후에 불에 구워먹었다. 다만 이때의 맥적은 단지 쇠고기에 국한된 것은 아니었고 고기 종류라면 뭐든지 가리지 않았던 것 같다.

많은 사람들이 즐겨 먹고 자주 먹어야 자연히 그 요리법도 발달하는 법이다. 그런데 만방에 이름을 떨쳤던 고구려의 맥적은 후손들에게서 즐김을 받지 못했다. 삼국을 통일한 신라와 그 뒤를 이은 고려가 다 불교를 국교로 채택했기 때문이다. 알다시피 불교에서는 육식을 금하고 있으며,

특히 농사에 중히 쓰는 소는 함부로 도살하지 못하도록 했다. 그러다가 다시 고기를 즐기게 된 것은 몽고의 침략 이후였다. 몽고인들 역시 유목 민족인지라 고기를 즐겼는데, 고려에 고기가 없자 목장을 만들어 대량으로 소를 키웠고 여러 가지 요리법을 고려인에게 전수했다.

고구려 맥적을 계승한 개성 명물 '설리적'

그러하여 고구려 멸망 이후 끊어졌던 맥적 요리법이 다시 전승되기 시작했는데, 이때 개성의 명물 설리적雪裏炙이 나왔다. 설리적 요리법은 맥적과 매우 유사하다. 설리적이란 말 그대로 눈 속에서 구운 고기라는 뜻이다. 그래서였는지 설리적은 눈 내리는 겨울밤의 술안주로 각광을 받았다. 『해동죽지海東竹枝』라는 책에서 보면, "소의 갈비나 염통을 기름과 훈채로 조미하여 굽다가 반쯤 익었을 때 냉수에 잠깐 담근 뒤 센 숯불에 구워 익히면 눈 내리는 겨울밤의 술안주가 되는데, 고기가 몹시 연하고 맛이 좋다"고 기록되어 있다. 이것이 바로 숯불갈비가 아니고 무엇이겠는가? 다만 냉수에 잠깐 담갔다가 다시 익힌다는 것이 이채롭다.

결국 유목 민족 고구려인들의 전통은 신라와 고려에 의해 끊겼다가 다시 유목 민족인 몽고족의 침입으로 되살아나게 된 것이다. 그후 농경이 생산 활동의 중심이 되면서 역대 조선의 왕들이 끊임없이 소의 도살을 금지했으나 맥적의 전통은 꿋꿋하게 살아남아 지금까지 전해져오고 있다.

독특한 음료수,
식혜의 기원

중국에서 온 젓갈 음식, 식해

음식에도 조상이 있다. 식혜食醯의 조상은 식해食醢이다. 식혜의 혜醯는 식초라는 뜻을 갖고 있어 식혜가 삭힌 음식이란 것을 표현하고 있고, 식해의 해醢는 젓갈이라는 의미이다. 혜와 해는 한글로도 그렇지만 한자로도 구별이 어려워, 옛날에는 동네 코흘리개들에게 한자를 가르치는 서당 훈장의 실력을 가늠하는 문제가 되기도 하였다고 한다.

식해는 원래 중국에서 온 것으로 젓갈 음식이다. 곡식과 어육을 소금 양념으로 삭혀서 만든다. 그러던 것이 한국과 일본으로 전파되어 한·중·일 3국의 공통 식품이 되었는데, 우리나라에서는 17세기 음식 문헌에 식해에 대한 이야기가 등장한다. 그런데 이 식해에서 고기와 매운 양념을 빼버리자 독특한 음료수가 탄생하였으니 그것이 바로 식혜이다. 한국인이 식혜를 먹기 시작한 것은 식해가 유행한 이후니까 17세기 이후, 길게 잡아봐야 4백 년이 채 안된다. 그런데 식혜가 처음 등장한 문헌은 1740년경 편찬된 『수문사설』이라는 책이니까 3백 년 정도의 역사를 가진 음료

라로 볼 수 있다.

요즘에는 대부분 식혜를 달게 먹지만 예전에는 맵게 먹기도 했다. 안동 지방의 토속 음식인 안동 식혜는 생강이나 고춧가루를 넣어 매운맛이 난다. 강원도의 연엽 식혜라는 독특한 식혜는 또 다른 변주인데, 이것은 연잎에 찰밥과 엿기름을 버무린 것을 넣고 삭혀낸 것이다. 이 연엽식혜에는 청주를 조금 넣어서 삭히기 때문에 술맛도 난다.

식혜의 또 다른 이름 감주

식혜는 감주甘酒라는 또 다른 이름을 갖고 있다. 달콤한 술이라는 뜻인데 아마 제례상에 식혜가 쓰였기 때문일 것이다. 제례상에는 보통 술을 놓기 마련인데, 모계 조상이나 술을 입에 대지 못하시던 조상의 제사 때 술 대신 식혜를 내놓았던 데서 유래한 것 같다. 그런데 나중에는 이 감주가 실제로 알코올이 포함된 감주로도 만들어진다. 원래의 식혜가 알코올이 전혀 없는 것과 달리 이 감주는 진짜 술이다. 위의 연엽 식혜는 감주와 식혜의 중간 단계 정도로 보여진다.

『주방문酒方文』『증보산림경제增補山林經濟』『임원경제십육지林園經濟十六志』등에 전하는 바에 따르면 감주는 찹쌀과 누룩으로 만드는데, 일단 누룩을 5배 정도의 물에 하루 정도 담가둔다. 이 누룩물을 체에 걸러 밥을 쪄서 끓인 시룻물과 함께 항아리에 담아 더운 방에 두고 따뜻하게 덮어 반나절 정도의 시간 동안 익힌다. 이렇게 익힌 술은 다시 체에 걸러 맑은 상태로 마시는데 숙성 기간이 짧아 알코올 도수가 낮고 단맛이 난다. 여자나 술이 약한 사람이 즐겨 마실 만한 술이다. 식혜가 감주라는 별칭을 갖고 있긴 하지만 술로서의 감주는 누룩을 넣어 만들기 때문에 애초의 식혜와는 또 다른 변형이 되었다.

애초의 식혜가 식해라는 젓갈 음식을 창조적으로 발전시킨 독특한 한국의 음료였던 것처럼 오늘날의 음료 시장에서도 식혜는 콜라니 주스니 하는 서양식 음료가 판을 치는 상황에서 옛것을 오늘에 되살린 독특함으로 사람들의 주목을 끌고 있다. 식혜는 원래 있던 것에서 새로운 것을 창안해내는 가장 한국적인 발상법의 예가 되는 셈이다.

여성이 지은 최초의 요리책,
『규합총서』에는 무슨 내용이?

여성을 위한 가정 백과사전의 저자는?

전통적으로 음식은 여자가 만들었다. 일류 주방장이 대개 남자라거나 남자가 요리책을 내는 것이 당연해진 것은 현대에 와서다. 하지만 조선 시대만 해도 남자가 요리를 한다는 것은 드물었고, 따라서 요리책이 나온다면 여자가 내야 하는 것이 지당했다. 그런데 요리 솜씨가 있는 여자들은 책과 접할 환경이 못 되었다. 이렇게 해서 오랫동안 여자들은 자신의 손으로 요리책을 낼 수 없었다.

그러다가 1809년『규합총서閨閤叢書』라는 책이 나온다.『규합총서』는 가정 백과사전으로 음식을 비롯해서 여성들이 가정에서 필요한 갖가지 사항을 두루 실은 책이었다. 아마도 19세기를 통틀어 음식이나 가정에 대해 가장 유명한 베스트셀러를 꼽는다면 단연 이『규합총서』일 것이다.

그런데 이『규합총서』를 지은 이와 그의 가문이 재미있다. 정확한 이름을 알 수는 없는데, 지은이는 빙허각이라는 호를 가진 이씨 가문의 여성이다. 베스트셀러이면서도 19세기 내내 언제 누가 지었는지 모르다가 1939년에 『빙허각전서』가 발견되었는데, 여기에서 『규합총서』가 빙허각 이씨의 작품임이 밝혀진 것이다.

빙허각 이씨가 시집온 가문은 지체 높은 명문가였다. 남편의 할아버지인 서명응은 대제학을 지낸 인물인데 『고사신서攷事新書』를 통해 농축산업에 대한 지식을 수집했던 독특한 인물이었다. 이때부터 이 가문은 당시의 양반들이 별로 돌보지 않았던 농업에 박식한 사람들이 되었다.

아버지인 서호수는 이조판서까지 올랐으며, 숨을 거둘 때까지 『해동농서海東農書』를 편찬하였다. 여기서 그는 우리나라 농학을 기본으로 하되 중국의 것 중 유용한 것만 선별하는 독특한 농업론을 보여주었다.

또 시동생인 서유구 역시 벼슬이 대제학에 올랐지만 농업에 조예가 깊은 사람이어서 왕의 명을 받고 팔도의 모든 농학 기술을 수집하기도 하였다. 그는 『규합총서』가 세상에 나온 지 16년 후에 『임원경제지』라는 책을 내었다. 이 책에는 생활 과학에 대한 다양한 지식이 들어 있어 19세기 최고의 생활 과학 백과사전이라고 할 만하다. 말하자면 형수와 시동생이 19세기 백과사전계의 양대 산맥을 이룬 셈이다.

『임원경제지』에는 식품 재료의 효능, 요리 가공법 등을 체계적으로 기술한 요리 분야도 끼어 있어서 형수와 어떤 지식 교환이 있었음을 추측해볼 수 있지 않을까 싶다. 실제로 서씨 가문의 모든 저서는 그들 전용의 원고용지에 쓰여져 있어 공동의 연구도 있었을 것으로 추측된다.

빙허각 이씨가 논한 '음식의 도'

베스트셀러인 『규합총서』에는 오늘날의 우리에게도 도움이 되는 것이 많은데 특히 음식의 도를 논한 부분이 재미있다. 19세기 초를 살았던 양반집 여성의 음식관을 엿볼 수 있기도 하지만 오늘의 우리에게도 시사하는 바가 커서 여기 소개해본다.

첫째, 내 눈앞에 있는 이 음식이 얼마나 어려운 과정을 거쳐서 여기 놓였는지를 생각해보라. 밭 갈고 씨 뿌리고, 거두고, 까부르고, 찧고, 요리하기까지 그 많은 과정을 생각하라. 한 사람이 먹는 것은 열 사람이 애 쓴 것이니 어찌 아끼지 않겠는가?

둘째, 음식을 먹기 전에 자기 할 도리를 다했느냐를 생각하라. 어버이를 섬기고, 나라에 충성하고, 스스로 몸을 닦아 이름을 떨쳤느냐를 늘 생각하고, 그것을 하지 못했을 때 어찌 맛을 탐할 수 있겠는지 반성하라.

셋째, 탐내는 마음을 막아 참다운 성정을 쌓아야 한다. 좋은 음식을 탐내고, 맛없는 음식에는 상을 찌푸리고, 배불리 먹을 생각에 마음을 흐트러뜨려서는 참된 심성이 길러지지 않는다.

넷째, 모든 음식에는 저마다의 영양과 기운을 북돋우는 힘이 있으니, 음식의 맛에 지나치게 취하지 말고 약처럼 먹으라.

마지막으로 다섯째, 일하지 않는 자 먹지도 말라. 사람이 마땅히 할 일을 다해 덕을 쌓지 않는다면 어찌 맛있는 음식을 탐할 수 있겠는가.

빙허각 이씨는 이 다섯 가지 음식의 도를 식시오계食時伍戒라고 이름지었는데, 우리도 식탁 앞에 써붙이고 한번씩 들여다볼 만한 명구임에 틀림없다.

약주는 약현에 사는
과부가 만든 술이다?

약주의 유래 두 가지

소주는 아락주라고 해서 몽고인들이 먹던 술에서 시작했다. 막걸리는 농가에서 누룩을 발효시켜 만든 것으로 막 걸러서 먹는다고 하여 막걸리라고도 하고, 탁하다고 해서 탁주라고도 불린다. 이 탁주에 용수라는 걸 박아서 맑게 걸러내면 그것이 청주다. 일본 사람들이 자기네 정종만 청주라고 고집하는 통에, 요즈음도 일본 정종만 청주라고 부르는 잘못된 관습이 있지만 그건 명백한 잘못이 아닐 수 없다.

한국의 청주에는 약주藥酒라는 별칭이 있다. 그런데 이게 요상하다. 왜 하필 병을 치료하는 약이라는 단어로 술을 표현했을까?

이 이름의 유래에 대해서는 여러 가지 설이 있다. 그중 하나는 진짜 약처럼 마셨다는 데서 유래했다는 설이다. 청주를 만들려면 쌀이 많이 필요했다. 그래서 흉년이 들거나 하면 조정에서는 금주령을 내려 귀한 쌀을 술로 축내지 못하도록 했다. 그러나 주당들이 어찌 참겠는가? 그래서 양반들이 금주령이 내렸을 때도 몰래 약처럼 먹었다고 하여 약주라는 이름이 생겼다고 한다.

또 하나 신빙성이 있는 것이 한양의 약현藥峴이란 곳에서 한 과부가 팔던 청주가 그렇게도 좋아 한양을 떠들썩하게 했는데, 그 과부가 팔던 술 이름이 공교롭게도 약산춘藥山春이어서 약주라는 말이 생겼다는 설이다. 그런데 이 과부는 평범한 사람이 아니었다. 대학자 서거정의 후손이고 나중에 영의정으로 추증된 문신 서성이라는 사람의 어머니였다. 그녀는 남편을 잃고 가난해지자 청주를 빚어 술장사로 자식을 가르쳤다. 이들 모자는 모두 약藥자와 관련이 있어서 약현에 살았고, 약산춘을 빚어 팔았으며, 서성의 호는 약봉이었다. 약자와 이 정도 인연을 가졌으니 그녀의 술이 약주로 불릴 만도 하다.

고급 청주 약산춘 제조법

고급 술에 속하는 청주는 빚는 집마다 제조 비법이 조금씩 다르지만 대체로 멥쌀과 누룩으로 한 번 발효시켜 맑은 술이 고이게 되면 여기에 찐 찹쌀을 다시 넣어(덧술, 2차 담금이라 함) 며칠을 익힌 후에 용수(대나무로 만든 절구처럼 생긴 바구니)를 넣어 거르는 것이다. 보통의 청주는 다 이런 방법을 썼다.

그런데 서성의 어머니가 만들어 팔던 약산춘은 조금 다르다. 2차 담금으로 덧술을 하여 며칠을 익힌 후 한 번 더 똑같은 과정을 거쳤다. 즉 3차 담금을 하여 술의 맛을 더욱 좋게 만들었던 것이다. 이렇게 약주 중에서 3차 담금을 통해 만든 고급 술에는 끝에 춘春자가 들어갔으니, 서성의 어머니가 빚은 술도 이 고급 술에 속한다.

아무튼 한국인들은 술 좋아하는 민족답게 오랫동안 술을 빚어 맛을 발전시켰는데, 집집마다 저마다의 비법을 갖고 있었다. 그러나 이 다채롭던

술 빚기의 전통은 효율적으로 주세를 받으려는 일제가 술을 단순하게 규격화하면서 사라지기 시작했고, 6·25 전쟁 이후에도 양곡 부족 현상으로 주류에 대해 통제함으로써 수천 년에 걸친 한국 술의 다양한 제조 기법이 거의 사라져버렸다. 술 하나에도 이렇게 역사의 아픔이 살아 있다.

섬진강 하구에서
노파가 발견한 것은?

김 양식에 관한 전설 하나

한국식 패스트푸드 음식의 품목 1호는 김밥이다. 이제는 많이 퇴색했지만
아이들의 가장 즐거운 학교생활이었던 소풍 음식 1호도 김밥이다. 생활이
풍족해지면서 요즘은 길거리에서 발에 차이는 것이 김밥집일 정도다.

어떤 사람들은 김밥을 한국 전래의 음식이 아니라고 한다. 해초를 즐
기는 일본인들이 만들어 먹던 김초밥이 원조라는 것이다. 그러나 우리
민족에도 정월 대보름날 밥을 김에 싸 먹으면 눈이 밝아진다는 속설이
있다. 이로 미루어보면 밥에 여러 가지 고명을 넣어 반찬 없이도 먹을 수
있게 한 김밥은 일본 김초밥의 영향을 받았지만 맨밥에 김을 싸서 먹는
김밥은 전래의 식품이었다고 생각한다.

음식으로서 김을 언급한 최초의 기록은 세종 때 편찬된 『경상도지리
지』(1424년)에 나온다. 또 1611년에 편찬된 『도문대작屠門大嚼』에서는 김
을 해의海衣라 하고 "남해산보다는 동해에서 건져올려 말린 것이 가장 좋
다"고 적어놓았다. 따라서 조선 초에 이미 김을 토산품으로 하는 지방이

있었고 중기에는 각지에서 김을 생산했다는 것을 알 수 있다. 그러나 이것이 김 양식을 의미하는 것은 아니다.

한국의 수산물 양식에서 가장 오랜 역사를 자랑하는 김 양식. 그런데 그것이 언제쯤, 어떤 계기에 의한 것이냐 하는 데 대해서는 약간의 이견이 있으며, 그 시원에 관한 설은 모두 '썰'일 뿐이다.

경상남도 하동 지방에 구전되는 얘기는 이렇다. 섬진강 하구에 나무토막이 떠내려 오고 있었다. 이것을 한 노파가 발견했는데, 거뭇거뭇한 것이 잔뜩 달라붙어 있었다. 무엇일까 궁금했던 노파가 나무토막을 건져보니 김이었다. 여기서 힌트를 얻은 노파가 대나무나 나무로 만든 섶을 세워 김을 양식했는데 이것이 널리 퍼져 김 양식이 시작되었다.

이 전설 속의 노파는 18세기 초. 그러니까 지금으로부터 약 3백 년 전쯤의 사람이라고 한다. 또 그보다 앞서 17세기에 지방 순시차 나온 관찰사의 수행원 중 하나가 김을 양식해볼 것을 권유했다는 이야기도 전해지고 있다.

18세기 초에 시작된 김 양식

하동과 붙어 있는 전라남도 광양군의 태인도에는 또 다른 전설이 전해진다. 이 전설에는 구체적인 이름이 나오는데 김여익이라는 사람이다. 하지만 어떤 사람인지는 알 수 없다. 김을 양식해야겠다고 깨닫는 과정은 하동의 전설과 비슷하다. 해변에 떠내려온 참나무에 김이 잔뜩 달라붙어 있는 것을 보고 김 양식을 생각해냈다는 것이다. 이 전설 역시 18세기 초의 얘기다.

이런 전설을 토대로 1908년에 나온 『한국수산지』는 한국의 김 양식이 남해안에서 대략 18세기 조에 시작되었다고 적고 있는데, 어떤 것을 성설로 택하든 대략 18세기 초 여름에 시작되었다고 보면 크게 틀리지 않을 것 같다.

초기의 김 양식은 주로 대나무 등의 나뭇가지를 세워서 양식하는 방법을 썼다. 그러다가 19세기 중엽에 완도군 장용리에 사는 한 어민이 고기를 잡기 위해 바다에 설치해놓은 어전(漁箭, 큰 나무로 지주대를 설치하고 대, 갈대, 싸리나무 등으로 만든 발을 지주대와 지주대 사이에 가로지른 것)의 발에 김이 달라붙은 것을 보고 착안하여 발로 된 양식 도구를 만들게 되었다.

김에는 콜레스테롤을 몸 밖으로 배출시키는 성분이 있어서 고혈압이나 동맥경화 등 현대인이 걸리기 쉬운 병을 미리 예방하는 효능이 있다. 해초를 좋아하지 않는 미국인들은 김밥을 싫어한다고 하지만 한국인들은 이 영양 만점의 해초를 맛있게 먹는 법을 익혔다. 그리하여 김 양식과 더불어 대량 생산이 시작된 김은 한국인의 밥상에서 최고 인기 품목으로 자리잡게 되었다.

치명적으로 맛있었던
고려 시대의 과자

유밀과 품귀 현상

유밀과油密菓는 이름 그대로 기름과 꿀로 반죽한 과자를 가리키는 말이다. 약과나 다식이 유밀과에 속하는 과자들이다. 유밀과는 우리 과자 중에 유일하게 초콜릿에 버금가는 단맛을 가진 과자이다. 당연히 많은 사람들이 좋아했다. 고려 시대에 특히 유행했는데, 외국까지 널리 알려져서 칭찬을 받았다. 충렬왕이 1296년에 원나라에 있었던 세자의 결혼식에 가져가 원나라 사람들에게 맛을 보였던 적도 있다. 그때 원나라 사람들은 유밀과를 가리켜 입속에서 살살 녹는 것 같다고 했고, 이 과자에 고려병高麗餠이라는 이름을 붙였던 것이다. 이는 『고려사』에 기록되어 있다.

그런데 너도나도 이 맛있는 유밀과를 만들어 먹다 보니 문제가 생겼다. 인플레이션 현상이 일어난 것이다. 유밀과의 재료인 기름과 꿀, 밀가루 등의 품귀 현상으로 가격이 치솟았다. 과거나 지금이나 특정 품목의 소비가 많아지면 가격이 오르는 것은 똑같다. 사정이 이렇게 되자 조정은 고심 끝에 유밀과를 금하는 법령을 내렸다. 『고려사』에는 여러 차례 유밀과 금지령의 흔적이 보이는데, 1192년에는 유밀과 대신 과일을 '사용'하도록 했고, 공민왕도 유밀과 금지령을 내렸다는 기록이 나온다 (1353년). 아마 우리 역사에서 과자에 대해 먹기 금지령이 내린 것은 유밀과가 유일할 것이다.

그런데 여기서 궁금한 것이 있다. 1192년의 금지령을 보면 유밀과 대신 나무 열매를 사용하라는 내용이 나온다. 먹지 않으면 그만이지 과일을 사용하라고 한 것은 또 뭔가?

제사상에 유밀과가 넘쳐난 사연

이 궁금증을 풀려면 유밀과가 제사에 쓰인 과자라는 사실에 주목해야 한다. 고려 시대에는 절이건 가정이건, 조정이건 너나없이 제사에 유밀과를 썼다. 그런데 문제는 제사상의 한쪽 귀퉁이에 한 접시 정도 유밀과를 올리는 것이 아니라, 이 접시 저 접시 모두 유밀과만 놓았다는 데 있었다. 그러니 얼마나 많은 유밀과를 만들어야 했겠는가? 그래서 제사상에 유밀과 대신 과일을 쓰라는 명령이 내려졌던 것이다.

고려 시대에는 유밀과를 '만들 조'에 '열매 과', 조과造菓라고 부르기도 했다. 제사상에 과일 대신 과일 모양의 유밀과를 만들어올린 데서 생긴 이름이다. 과일뿐만 아니었다. 새 모양을 본뜬 유밀과, 물고기 모양을 본뜬 유밀과도 대유행이었다. 살생을 금했던 불교 교리에 따라 제사상에도 일체 어육魚肉을 올려놓지 못하게 되자 유밀과로 이들의 모양을 본떠 역할을 대신 했던 것이다. 사정이 이러했으니 고려 시대의 제사상에는 접시마다 각종 새나 고기, 과일 모양의 유밀과만 가득했다.

유밀과는 어육을 제상이나 잔칫상에 올려놓을 수 있게 된 조선 시대에도 계속 인기를 유지했다. 지금도 환갑잔치나 전통 혼례에서 길다란 상위에 한 자(약 30센티미터)가 넘게 수북이 쌓아올린 과자 접시들이 일렬로 늘어선 것을 볼 수 있는데, 이것이 조선 시대의 유밀과 사용법이었다. 대신 조선 시대에는 높이 쌓아 올리기 편하도록 모나게 썰거나 판에 찍어 국화 문양으로 만들었으므로 과일이나 새, 물고기 모양의 유밀과는 점차 사라져간다.

요즘도 백화점에 가면 유밀과를 파는데 고려 시대의 풍속을 되살려 새나 물고기, 혹은 과일 모양으로 다양한 디자인의 제품을 만들면 어떨까 하는 생각도 든다. 보기 좋은 음식이 먹기도 좋다지 않은가.

우유,
왕에게 진상하던 하얀 영양제

특별한 사람을 위한 특별식

세종 5년(1423년) 4월 4일, 임금은 충청도 감사에게 "청주에 있는 국고의
묵은 쌀과 콩으로 젖 짜는 소를 사서, 날마다 우유를 받아 양녕대군에게
먹이도록 하라"는 영을 내렸다.

양녕대군은 세종의 맏형으로서 셋째였던 세종에게 임금 자리를 양보
하고 초야에 묻혀 한 세월을 풍미한 사람이다. 둘 사이는 세종이 즉위한
이후에도 각별했던 것으로 알려져 있는데, 아마 세종이 형의 건강을 염
려해 우유를 공급하도록 했던 모양이다. 당시에 이미 우유를 식용하고
있었음을 알 수 있다. 그런데 이보다 2년 앞선 세종 3년(1421년) 2월 9일
에 병조에서 올린 장계를 보면 누구나 우유를 마셨던 것이 아니라 다만
임금과 왕족들에게만 진상되었던 진상품이었다는 것, 그리고 우유를 짜
기 위해 별도의 관청이 있었다는 것을 알 수 있다.

병조에서 장계를 올리기를, "유우소乳牛所는 오로지 위에 지공支供하기
위하여 설치한 것으로서, 모든 인원 2백 명을 매년 전직하여 승직시켜 5

품에 이르면 별좌別坐가 된다는 것은 능한가 능하지 못한가를 상고하지 아니하여 이름만 있고 실상은 없으니, 바라옵건대 유우소를 혁파하고, 상 왕전에 지공하는 유우乳牛는 인수부仁壽府에 소속시키고, 주상전에 지공하 는 유우는 예빈시에 소속시키게 하고, 그 여러 인원은 소재한 주·군의 군 軍에 보충하게 하소서"라고 했다.

임금이나 상왕께 바치는 우유를 전담 생산하기 위해 유우소乳牛所, 그 러니까 젖소를 키우는 관청을 두었는데 인원이 너무 많으니 다른 관청에 서 그 일을 분담하게 하고 유우소를 혁파하자는 내용의 장계이다. 이로 미루어보면 세종 이전부터 왕에게 진상하는 우유를 전담하는 기관이 있 었으며, 우유는 그야말로 특별한 사람이 먹는 특별한 식품이었다는 것을 알 수 있다.

우유가 귀했던 까닭은?

이제 유우소의 시원을 추적해보자. 유우소와 관련한 최초의 기록은 고 려 25대 충렬왕 때 나온다. 그는 원나라 제국대장공주와 결혼한 사람이 다. 제국대장공주가 왕비가 됨으로써 몽고의 풍속이나 언어가 유행하기 시작하던 시절이다. 아마 유우소도 이런 정황 속에서 설치되었을 것이다. 그러나 굳이 거슬러 올라가보면 고구려 귀족층도 우유를 마셨던 것이 아 닐까 하는 추측을 해볼 수 있다. 왜냐하면 일찍부터 낙농을 시작한 일본 의 기록에 일본 낙농의 시조로 고구려 평원왕(재위 559~579년) 때의 사람 인 복상福常을 꼽고 있기 때문이다.

당시의 우유는 영양제를 겸한 약용이었다. 세종이 양녕대군에게 먹게 했던 것에서도 알 수 있듯이 우유는 일종의 양생 음식이었다. 『고려사』 열전에 왕에게 진상했던 유제품으로 낙수나 낙숙 얘기가 나오는데 모두 보양식이다. 또 조선 시대에도 보양식으로 우유죽이 추천되었는데, 우유죽은 물과 쌀가루 끓인 것에 우유를 넣고 소금물로 간을 맞춘 것이다. 또 우유와 무리(물에 불린 쌀을 물과 함께 맷돌에 갈아 체에 받쳐 가라앉힌 앙금)를 섞어 끓이는 타락죽이라는 음식도 있었다. 이처럼 우유가 영양제 겸 약용으로 극히 제한되어 쓰인 것은 재래종 소의 우유 생산량이 많지 않았던 탓도 있지만, 송아지가 먹을 우유를 빼앗는 것이 유교의 인 사상에 어긋난다고 보았기 때문이기도 하다.

반면 현대의 어린이들은 대개가 엄마의 젖 대신 소의 젖을 먹고 자란다. 모유가 아이에게 좋다는 주장이 계속 제기되지만 여성의 사회 활동이 강화된 현실에서 모유 먹이기를 무조건 강요할 수도 없는 형편이다. 그래서 소의 젖은 어린아이에게는 없어서는 안될 영양 공급원이 되었다. 하긴 요즘의 우유는 한우의 젖이 아니라 젖만을 전문적으로 생산하는 젖소의 것이니 조선의 유생들도 송아지가 먹을 것을 빼앗았다고 크게 꾸짖지는 않으리라.

수천 년 전부터
우리는 장을 먹었다?

고조선에서부터 시작된 장 문화

1849년에 나온 『동국세시기』라는 책을 보면 침장沈醬과 침장沈藏(김장)이 사람 사는 집에서 행하는 일 년의 2대 행사라고 나와 있다. 그렇다면 이렇게 중요한 장을 우리는 언제부터 먹기 시작했을까?

"고구려에서 장양藏釀을 잘한다."

– 『삼국지』 중 위지 동이전(3세기)

"겨울철에는 모두 긴 구덩이를 만들어 밑에서 불을 때어 따뜻하게 한다〔冬月皆作長坑下燃溫火亂取煖〕."

– 『구당서舊唐書』(945년)

"발해의 명산품은 책성의 시豉."

– 『신당서新唐書』(1044~1060년 완성)

위의 첫 번째 인용 글에서 '장양'은 발효 가공을 뜻하는 것으로, 술을 빚거나 장을 담그는 행위를 총칭한다고 할 수 있다. 두 번째도 고구려 이야기인데 일찍이 온돌이 있어 따뜻한 곳에서 메주를 띄울 수 있었다는 것을 보여준다. 그리고 세 번째에서 '책성'이란 고구려의 유민들이 세운 발해의 수도이며, '시豉'는 콩으로 만든 메주를 뜻하니 일찌감치 이곳에서 메주를 만들어왔음을 짐작하게 한다.

여기서 우리가 생각해 볼 것은 장을 만드는 메주, 그리고 메주의 재료인 콩의 원산지가 만주였다는 점이다. 그러니 고구려는 콩으로 메주인 시를 만들고, 이를 바탕으로 장을 만든 본산이라고 볼 수 있다. 그렇다면 더 거슬러 고조선부터 장이 시작된 것은 아닐까?

콩이 생산되지 않는 중국 본토에 시豉가 도입된 것은 대체로 기원전 7세기 무렵이라고 한다. 기록에 따르면 기원전 7세기 초에 제齊나라 환공桓公이 만주 남부에서 콩을 가져왔다고 전한다. 또 3세기에 씌어진 『박물지博物誌』라는 책은 시豉를 외국 원산이라고 했다 하니, 시豉는 한반도에서 중국으로 수출한 최초의 식료품이 아닌가 싶다. 또 『삼국사기』를 보면 신라 신문왕의 납채 물목에 간장, 된장이 들어있으니 장류의 개발이 나날이 발전하면서 차츰 남하했음을 짐작할 수 있다. 신라 시대 이후 한반도에 장류 음식 전성시대가 시작되었던 것이다. 당시의 시豉는 오늘날의 청국장과 유사하다고 한다.

그러나 뭐니 뭐니 해도 장류의 최고봉이자 한국을 장 문화의 독보적인 존재로 만든 것은 바로 고추장이다. 하지만 고추장이 탄생한 것은 훨씬 후대의 일이다. 『증보산림경제』(1760년 간행)에 최초로 고추장 제조법이 나오는데, 18세기에 이르러 수천 년을 이어온 장류 식단의 일대 혁명이 일어난 것이다. 고추장이 발명된 이후의 한국 음식은 절대로 그 이전과 같을 수가 없었기 때문이다.

머슴에서 소금 장수로, 소금 장수에서 왕으로

한편 장을 담그는 데 반드시 필요한 것이 있으니 바로 소금이다. 생존에 꼭 필요한 물질이면서 맛에도 많은 영향을 주지만 장의 발효 과정에도 중요한 역할을 한다. 장류의 발효 과정에서 소금은 미생물의 생육을 조절하는 역할을 하는데 만약 소금 농도가 낮으면 이상 발효가 진행되어 장류의 질을 떨어뜨리게 된다.

인류가 소금을 이용한 것은 기원전 6000년 무렵이었다. 수렵과 채집 위주의 고대에는 사실 먹잇감 자체에 소금기가 있었기 때문에 따로 소금을 섭취할 필요성이 크지 않았지만, 곡류와 채소를 먹기 시작하면서는 별도의 소금이 필요해졌다. 그래서 인류는 바다에서, 그리고 소금 바위에서 소금을 채취하여 식용했다.

우리 옛 역사에는 이 소금과 관련한 이야기들이 전해져 내려온다. 바로 소금 장수 출신 왕의 이야기다. 그런데 후대의 드라마가 사실을 왜곡했다. 2010년 방영된 〈근초고왕〉이라는 드라마에서 백제의 광개토대왕이라 불리는 근초고왕(재위 346~375년)의 고난을 강조하기 위해 그가 소금 장수 출신이었다고 각색해버린 것이다. 하지만 실제로는 고구려 15대 왕이자 한 세대 앞의 인물인 미천왕(美川王, 재위 300~332년)이 소금 장수 출신의 왕이다. 미천왕도 우리 역사에서 대단히 큰 업적을 남긴 인물이다. 한반도 북동쪽에 있던 위만조선이 기원전 108년 한나라에 멸망당한 뒤 낙랑군 등 한사군으로 편입되었던 것을 수복한 왕이기 때문이다. 그는 서기 302년에 현도군을 공격해 적 8천여 명을 사로잡았고, 313년에 낙랑군, 314년에 대방군을 공격해 영토로 삼았다. 그런데 어떻게 해서 왕이 소금 장수 출신일 수 있던 것일까? 쿠데타라도 한 것일까?

사실은 기구한 가족사 때문이다. 전대 왕인 봉상왕은 미천왕의 큰아버지였다. 그런데 봉상왕은 아우 돌고가 배반할 마음을 가지고 있다고 의심하여 그를 죽이게 된다. 형제 사이에 피비린내 나는 비극이 벌어진 것이다. 그래서 돌고의 아들 을불은 자신도 살해당할 것이 두려워 도망쳤다. 바로 이 을불이 미천왕이다. 『삼국사기』에 따르면 을불은 처음에 수실촌水室村 사람 음모陰牟의 집에 가서 고용살이를 하였는데, 음모는 그가 어떤 사람인지 알지 못하고 일을 매우 고되게 시켰다. 그 집 곁의 늪에서 개구리가 울면 을불을 시켜 밤에 기와 조각과 돌을 던져 그 소리를 못 내게 하고, 낮에는 나무하기를 독촉하여 잠시도 쉬지 못하게 하였다. 일이 너무 고되고 혹사당하자 괴로움을 이기지 못한 을불은 일 년 만에 그 집을 떠나, 동촌東村 사람 재모再牟와 함께 소금 장사를 하였다.

비록 미천왕이 출신에 맞지 않게 소금 장수를 했지만 그가 그 직업의 개척자는 결코 아니었다. 한반도에서는 소금을 고조선 때부터 식품의 조리에 활용했다고 전해진다. 이는 중국 본토의 여러 나라보다 국력이 강했던 고조선의 식문화가 발전해 있다는 증거이기도 하다. 이렇게 일찍부터 소금에 기반을 둔 식문화가 발달하면서 자연스럽게 장류의 발명과도 연계가 되었을 것이다. 따라서 일찍부터 소금 장수는 존재했을 것이고, 3세기 말의 젊은 미천왕이 소금 장수를 했다는 것은 그의 개인사로 볼 때 왕의 조카인 신분에 어울리지 않지만 직업적으로는 전혀 이상한 일이 아니었다고 할 수 있다. 젊은 왕은 훗날 그의 백성이 될 사람들에게 소금을 팔고 그 사람들은 그 소금으로 장을 담가 고달픈 하루를 잠시 잊을 수 있는 식단을 꾸렸을 것이니, 이제 와서는 그저 미담이 아니겠는가?

신씨 집안이
장을 담그지 못했던 까닭은?

신씨가 담근 장은 신맛이 난다?

신씨 가문이 장을 담그는 데 기피를 당했던 일화가 하나 있다. 정유재란 (1597년) 때의 일이다. 그해 초에 명과 일본이 화의에 실패하면서 도요토 미 히데요시는 조선으로의 재침을 명했고, 조정은 이순신을 파직하는 등 의 실책을 저지르면서 다시 남부 지방이 유린당할 위기에 처했다. 이에 조선 정부는 다시 한 번 명에 원병을 청했고, 명나라 군사들이 조선에 들 어와 남원, 전주, 충주 등을 기지로 일본군에 대항했다.

선조는 겁이 많은 임금이었다. 그는 애초에 북으로 피란 가서 다시 서 울로 돌아오려 하지 않았는데, 일이 이렇게 되자 신하들을 원망하면서 재 차 피란할 것을 검토하라고 했다. 하지만 승정원이나 홍문관 등의 대신들 은 왕이 피란을 가면 백성들이 혼란에 빠지게 되며, 임금이 굳세게 서울 을 지켜야 난국을 헤쳐 나갈 수 있다고 주장해 임금의 피란을 막았다.

8월 14일, 남원을 지키던 명의 부총병 양원과 조선군은 포위 공격을 해 오는 일본군과 지열한 싸움을 시작했다. 3일 간의 격전 끝에 양원은 끝내 패전을 하고 겨우 50기의 군사만 이끌고 도주하게 되었다. 이 소식은 득달같이 선조의 귀에 들어갔다. 그날(8월 16일) 선조는 어전회의를 주재하는 자리에서 진작 피란하고자 했으나 말을 듣지 않았다고 안절부절하며 말을 꺼내, 마침내 영변으로의 피란을 결정했다.

사건은 이때 일어난다. 왕이 움직여야 하니 미리 먹을 것 등을 철저히 준비해놓아야 했다. 그래서 조정은 미리 장을 준비하는데 그 감독으로 신申씨 성을 가진 사람을 정하여 파견하려 했다. 그러자 대신들은 신씨는 장 담그는 일에 적합하지 않다는 이유를 들었는데, 그 성이 장 담그기를 꺼리는 날인 신辛일과 음이 같아 적합하지 않다는 것이었다. 그럼 왜 신辛일에는 장을 담그지 않는가? 신맛의 신과 음이 같기 때문이다. 결국 이 신申씨 성의 사람은 단지 성이 신맛과 같다는 이유로 일을 맡지 못하게 된다.

선조는 피란을 가지는 못했다. 퇴각한 명군이 서울을 지켰고, 평양에 있던 명의 장수 양호가 서울로 와 9월 5일 충청도 직산에서 대승을 거둠으로써 피란갈 필요가 없어졌기 때문이다.

여기서 다른 일은 모두 정사에 기록되어 있지만 신씨 성의 장 담그는 사람 얘기는 어디까지나 일화로, 정사에 기록되어 있지 않다. 하지만 이런 일화는 왕이 피란을 가야 할 정도로 다급했던 상황에서도 성씨를 가지고 왈가왈부할 정도로 장 담그는 일에 신씨를 꺼려하는 풍습이 있었다는 것을 말해준다.

장을 담그기 전에는 개한테도 욕을 삼가라

원래 한국 음식에서 장을 빼면 남는 게 없다. 간장, 된장, 막장, 고추장, 청국장 등의 장류는 양념의 기본이고 모든 국과 탕에 빠짐없이 들어간다.

그래서 '음식 맛은 장맛'이라는 말이 있을 정도다. 장 담그는 일에 부정을 타지 않으려는 노력은 그만큼 각별했다.

옛 여인들은 장을 담그기 전에 사흘 동안 부정을 타지 않으려고 노력했다. 외출을 삼가고, 누구를 꾸짖어서도 안 되었다. 심지어 개한테 욕을 해도 안 되었다. 뿐인가. 여성의 음기를 막는다고 입을 창호지로 봉한 다음에야 장을 담갔고, 장을 보관하는 장독에는 금줄을 치고 버선을 붙여서 부정한 기운의 접근을 막았다. 버선을 붙인 것은 부정한 기운이 오더라도 버선 속으로 들어가 없어지라는 뜻이다. 또한 장맛이 변하면 불길한 징조라고 여기는 등 장 담그는 일에 주술적 의미까지 부여했다.

이런 세태 속에서 신씨 집안은 장을 담그지 못한다는 희한한 풍습이 생겨났고, 사람들도 이 가문에서 장을 담그면 장에서 신맛이 난다고 여겼다. 그래서 신씨 집안은 성이 다른 가문, 예를 들면 사돈집에 가서 장을 담그거나 이웃에 가서 장을 담가서 들여왔다. 신씨와 이웃하고 사는 집은 장독대를 신씨 집과 반대쪽에 설치해 만약의 사태를 대비했다.

김장 문화가 퍼지는 데
한몫을 한 종교는?

연중 최고의 행사, 김장

다음 중 우리나라 4대 채소가 아닌 것은 무엇일까?

①배추 ②무 ③고추 ④마늘 ⑤파 ⑥생강

사람에 따라 주장이 다를 수도 있지만 일단 4번까지를 4대 채소라고 부른다. 그런데 우리 식단에는 이밖에도 무수한 채소들이 올라온다. 그리고 그 많은 채소들이 꼭 끼어들고 싶어하는 단 하나의 음식이 있다면 그것은 바로 김치다. 김치는 채소들의 오케스트라이자 우리네 식탁의 화룡점정이다. 그리고 김치를 담그는 일은 수백 년 이상 동안 한반도 거주민들의 연중 최고 행사인 김장이 되어 수많은 여인네들을 괴롭혀 왔다.

김장 준비는 봄부터 시작된다. 바로 젓갈 담그기다. 젓갈은 삼국 시대 이전부터 발효 식품으로서 한반도에 존재해왔다. 고추나 마늘, 무, 배추와 같은 재료들도 일찌감치, 혹은 한두 달 전에 미리 심어서 김장에 대비한다. 심지어 김치를 땅에 묻을 때 쓰는 김칫독도 미리 준비해야 한다. 우수, 경칩 뒤에 땅이 풀릴 때의 흙으로 구운 것이라야 단단하고 액체가 새지 않으며 보존이 잘되어 김치 맛을 좌우하기 때문이다.

김장하기 좋은 때는 보통 입동 전후니까 양력으로 11월 7~8일경이다. 봄부터 시작해서 일 년의 반 이상을 보내는 연중 최고 행사가 아닐 수 없다. 그런데 이런 전 국민의 행사에 불교가 일등공신이라니?

"무장아찌 여름철에 먹기 좋고 소금에 절인 순무 겨울 내내 반찬 되네."
－『동국이상국집』에 있는 이규보의 시 〈가포육영家圃六泳〉 중에서

이 시는 김치의 역사를 이야기할 때 빠지지 않고 등장한다. 이규보는 1168년에 나고 1241년에 세상을 떠난 고려의 문신이다. 그는 참 자상하게도 텃밭에 심은 오이, 가지, 순무, 파, 아욱, 박 등 여섯 가지 채소를 시로 노래하면서 그 시대에도 김장이 존재했음을 알려주고 있다. 그런데 재미있는 점은 고려 시대에 이르러 급격히 채소류의 식용이 늘었다는 것이다. 바로 불교의 영향이다.

육류의 섭생을 억제하는 다양한 채소류

흔히 고추가 우리네 김치의 혁명이라고 하는데, 식단이라는 면에서 보자면 불교의 영향도 그 못지않다. 소금에 절여 먹는 발효 식품을 일찍이 중국에서는 저菹라고 했는데, 이것은 주나라 때인 기원전 10세기 무렵의 일이다. 한나라 때 한반도 일부를 점령한 한사군만 생각해 봐도 중국의 식문화가 이 땅에 전래되었음을 알 수 있다. 그런데 이 발효 식품인 저가 신라보다 더욱 강력한 불교 국가인 고려에 와서 육류의 섭생을 강력하게 억제하며 급격하게 퍼져 나가기 시작한다. 다양한 채소류를 오랫동안 서

장하면서 먹을 수 있는 식품이 바로 저, 즉 김치였기 때문이다.

물론 이 시대의 김장은 비교적 단순했다. 채소를 소금에 절이거나 간장과 된장에 절인 것, 혹은 소금이나 술지게미, 그리고 식초에 절인 것이다. 하지만 채소는 너무나 다양해서 이규보의 시에 나오는 순무 외에도 오이, 가지, 박, 부추, 고비, 죽순, 더덕, 도라지, 고비 등을 다양하게 이용하면서 저장용 채소를 주요 반찬으로 하는 식단을 한반도인의 삶 속에 깊숙이 심어놓았다.

이후 17세기에 전래된 고추가 김장에서 붉은 혁명을 일으키고, 20세기 문전에 전래된 결구배추(속이 꽉 찬 배추, 그 이전에는 끝이 벌어진 반결구배추가 한국의 주요 품종이었다)가 무나 기타 채소가 아닌 배추김치 중심의 김장 문화로 다시 한 번 변신시키게 된다. 이로써 우리 음식 문화의 한 분수령을 이루는 빠알갛고 사각사각한 김치가 온 나라의 식탁을 점령하였고, 바야흐로 21세기 세계화 시대를 맞이하여 지구촌으로 진출하는 한국 음식 문화의 최대 상징이 된 것이다.

3백 년 동안 우리 땅을 거부한 까다로운 작물, 고구마

일본에 간 어느 어부의 발견

18세기에 일본에서 들어온 구황식물 고구마. 그러나 이 식물이 전국으로 전파되기까지는 무려 3백여 년이 걸렸다는 사실을 아시는지. 그 오랜 동안 이 땅의 가난한 백성들을 기아에서 구하기 위해 수많은 사람들이 고구마 재배에 일생을 바쳤다. 이제 그 기나긴 역사를 찾아가보자.

고구마 재배서인 『종저방種藷方』에 의하면 고구마가 조선에 최초로 소개된 것은 16세기 말인 선조 때였다. 그후 비변사에서 고구마 보급을 노력했지만 거의 효과를 보지 못했던 것 같다. 그것이 1633년(인조 11년)의 일이다. 조선 시대에는 남해안의 어부들이 고기를 잡으러 바닷가에 나갔다가 풍랑에 표류하는 일이 종종 있었다. 운좋게 살아남은 사람들은 대개 대마도나 일본 땅에 도착했다. 일본 사람들이 먹는 고구마를 보고 조선에 돌아온 어느 어부가, 고구마가 구황작물로 적당하다고 보고했다는 기록이 『조선왕조실록』에 남아 있다. 1663년(현종 4년)의 일이다. 하지만 여전히 고구마 재배는 시작되지 않았다.

고구마를 위해 평생을 건 사람들

이광려(李匡呂, 1720~1783년)라는 사람이 있었다. 그는 벼슬이 참봉에 불과했지만 문장이 뛰어나고 덕행과 학식이 높아 당시 유학자 중 일인자로 추앙을 받을 정도였다. 그런 그가 고구마 재배에 뛰어들었다. 일찍이 중국의 서적들을 뒤져 고구마야말로 백성들을 배고픔에서 구할 수 있는 식물이라고 믿었기 때문이다. 그는 먼저 중국에 가는 사신이나 역관에게 고구마 종자를 구해올 것을 부탁했다. 그러나 아무도 가져오지 않았다. 그래서 다음으로 일본에 가는 통신사 조엄에게 부탁했다. 그때가 1763년, 그는 어찌어찌 하여 고구마 한 포기를 구해 집에서 시험 재배를 했다. 그러나 실패, 이광려는 이번에 동래부사 강필리(1713년~?)에게 부탁해 몇 포기를 더 구했다. 그러나 실험은 또다시 실패, 이광려는 끝내 고구마 재배에 실패하고 말았다.

이광려는 실패했지만 그의 구민 노력에 감명을 받을 강필리가 이광려의 뒤를 이었다. 그는 이광려에게 자극을 받아 역시 통신사 조엄에게서 고구마 몇 포기를 구해 따뜻한 고장인 동래에서 시험 재배를 했다.

고구마는 역시 따뜻한 남쪽에서 키워야 했던 것일까? 시험 재배에 성공한 강필리는 1766년 고구마 재배법을 담은 『감저보甘藷譜』라는 책을 발간한다. 이렇게 해서 남해안을 중심으로 고구마 재배가 시작되었다.

그러나 여전히 고구마는 따뜻한 남쪽의 일부 지방에서만 재배되었을 뿐 북상하지 못했다. 여기에 김장순이 등장한다. 김장순은 백성들의 배고픔을 구제해줄 고구마를 어떻게 하든지 중부 지방에서도 재배할 수 있도록 하고 싶었다. 마침 그는 전라도 보성에서 9년 동안이나 고구마 재배를 연구한 선종한이라는 사람을 만났다. 둘은 힘을 합하여 서울에서 시험 재배를 시작했고 마침내 성공한다. 그리하여 1813년(순조 11년), 김장순은 자신의 재배 경험과 선종한의 연구 결과를 토대로『감저신보』라는 책을 펴내기에 이른다. 이후 고구마는 중부 지방에서도 재배되기 시작했다.

서경창은 아무 지위도 없고 고구마를 심을 땅도 갖지 못한 가난한 양반이었다. 태어나고 죽은 해도 문헌에 남아 있지 않다. 그러나 그는 실학을 연구하면서 최대의 과제로 식량 문제 해결에 온 힘을 다했다. 그가 구황 작물인 고구마에 관심을 가진 것은 당연했다. 그는 종래의 고구마 재배와 관련한 여러 가지 설을 체계적으로 정리하고자 했다. 고구마의 파종 시기, 씨고구마의 소요량, 줄기의 선택과 심는 시기, 그리고 착생 부위 등에 관해 과학적으로 저술한『종저방種藷方』이라는 역작을 내놓는다. 또한 그는 고구마를 전국에 걸쳐 보급하는 데도 관심을 가져 북쪽 지방의 가난한 백성들도 고구마의 혜택을 받도록 하자는 주장을 적극적으로 펼쳤다.

마침내 전국적인 작물이 되다

다음 차례는 조선 최대의 농학서인『임원경제』를 지은 농학자 서유구(1764~1846년)이다. 그는 일찍이 농학에 관심을 가졌고, 나중에 벼슬이 이조판서를 거쳐 대제학에 이르는 동안에도 끊임없이 농서를 저술했다. 1834년에 그는 전라도 관찰사를 지내고 있었는데 그해에 전라도 지방에 대흉년이 들었다. 이에 구황작물인 고구마를 좀 더 널리 확산시켜 활발하게 재배해야겠다고 생각한 그는 강필리의『감저보』, 김장순의『감저신보』에다 중국과 일본의 농서를 참조하여『종저보種藷譜』를 짓는다. 동시에 고구마 재배 농가에서 씨고구마를 구하여 모든 고을에서 이를 재배토록 했다. 서유구에 의해 고구마는 남쪽 거의 모든 지역으로 전파된다.

이런 숱한 노력의 결과 1900년대 초 고구마는 그야말로 전국적인 식물이 되었다. 그러니까 16세기 말 선조 때부터 고구마 도입이 시도되었다는 것을 상기하면 무려 3백여 년이 흐른 후였다. 1824~1825년 사이에 관북에서 처음 들여왔다고 기록되어 있는 감자가 얼마 안 지나 양주, 원주, 철원 등지로 퍼져 수십 년 내에 전국적으로 재배되었던 것과는 크게 대비된다. 왜 이렇게 오래 걸렸을까?

고구마는 알다시피 탄수화물이 많다. 또 저장을 해놓으면 수분이 증발하면서 효소가 작용하여 매우 단맛이 난다. 이 때문에 구황작물로 안성맞춤이었다. 그러나 기온이 15도 이하가 되면 자라는 것이 멈추고, 자라는 기간 동안 평균 22도의 온도가 유지되어야 하며, 일교차가 크고 물이 잘 스며드는 땅에서만 자라는 등, 재배법이 까다로웠다. 이 때문에 고구마는 쉽게 전파되지 못했던 것이다. 그나마 뜻있는 양반들, 바로 실학자들의 수백 년에 걸친 끊임없는 노력이 있었기에 고구마의 토착화가 이루어질 수 있었다. 고구마에는 이 땅의 가난한 백성들을 기아에서 구하고자 했던 숱한 선인들의 땀과 눈물이 배어 있다.

4
조상님들이 활쏘기에
매달린 까닭은?

지
혜

신라의 유물 중에 십자가와
마리아상이 있다고?

신라 시대에 들어온 기독교?

1956년 경주에서 돌로 만든 십자가, 동으로 만든 십자가, 그리고 마리아 관음상이 출토되었다(이 유물들은 현재 숭실대학교 기독교 박물관에 전시되어 있다). 그렇다면 기독교가 신라 시대에 들어왔단 말인가? 불교 국가였던 신라, 기독교의 발상지와는 너무나 멀리 떨어진 동방의 끄트머리에 있던 그 신라에 기독교인이 있었단 말인가?

신라의 기독교 전파와 관련된 역사 기록은 현재 남아 있지 않다. 십자가 유물이 유일한 증거이다. 그런데 가까운 일본에는 천황이 선교사와 만났다는 기록이 있다. 일본의 옛 문헌인 『속일본서기』를 보면 783년에 천황이 당나라 사람 황보를 만났는데, 이때 선교사 밀리스Millis를 함께 만났다는 것이다.

우리의 옛 땅 만주에서는 기독교도의 무덤이 출토되었는데 여기서도 십자가와 동방박사의 아기 예수 경배도가 발견되었다. 한반도를 비롯한 동북아시아의 광범위한 지역에서 기독교의 흔적이 발견되고 있는 것이다. 그 시기도 신라 시대, 좀 더 정확히 말하면 통일신라 시대(676~935년)와 대체로 일치한다.

그런데 동북아시아의 당시 기독교 유적인 대개가 경교景敎라고 불리는 종파의 흔적인 것으로 보인다. 당나라 사람 황보가 천황과 만날 때 동행했던 선교사 밀리스도 경교의 선교사였다. 경교의 아시아 전파 과정을 따라가다 보면 신라 십자가의 비밀을 밝힐 수 있지 않을까?

중국에서 먼저 받아들인 경교

당나라는 세계의 문화 교류와 무역의 중심지로서 세계 각국의 문물을 다양하게 받아들였다. 그중에서도 당 태종은 각종 종교를 박해하지 않고 수용했다. 635년, 당 태종은 멀리 페르시아에서 온 네스토리우스교의 선교사들과 만난다. 이 종교를 중국 사람들은 경교라고 불렀다. 이후 경교는 중국에서 조정의 환영을 받으면서 활발한 포교 활동을 펼친다.

781년에는 경교의 중국 전파를 기념하기 위한 기념비가 세워지기도 했는데, 그것이 대진경교유행중국비大秦景敎流行中國碑이다. 대진은 페르시아를 말하는 것이니, '페르시아의 경교가 중국에서 유행한 것을 기념하는 비'라는 뜻이다. 이렇게 전파된 경교는 수 세기 동안 활발하게 선교활동을 펼쳐 상당한 교세를 이룩했다. 이때 당나라와의 교류가 활발했던 신라가 당나라를 통해 경교와 접촉했을 가능성이 높다.

경교, 즉 네스토리우스교의 창시자 네스토리우스(Nestorius, 381~451년)는 원래 로마제국에서 파견된 콘스탄티노플(지금의 터키) 교회의 감독관이었다. 그런데 그는 교권을 장악하고 있던 사람들과 사상이 다르다는 이유에서 이집트로 유배를 가게 된다(431년). 이후 네스토리우스의 신앙과 사상은 그의 생각을 추종하는 사람들에게 전파되는 데 그 주요 무대가 페르시아였다.

그러나 페르시아에서도 토착 종교인 조로아스터교의 박해를 받았고, 610년에 창시된 이슬람교가 교세를 확장하여 632년경에는 전 아라비아를 통일하게 되자 여기서도 쫓겨나게 된다. 그리하여 경교는 인도와 중앙아시아를 거쳐 중국까지 옮겨가게 되었던 것이다.

경교의 동북아시아 전파는 전적으로 당나라의 포용성에 기대에 있었다. 따라서 907년 당나라가 망하자 이후 중국에서 불교를 더욱 활발히 받아들이면서 경교와도 접촉했을 것으로 보인다. 일본까지 선교사가 다녀갔던 점으로 미루어 신라의 왕─밀리스가 일본에 건너갔을 때(783년)의 신라 왕은 선덕여왕이었다─도 선교사를 만났을 가능성이 높다. 그러나 십자가 유물을 몇 개 남긴 것 외에는 다른 유적이나 기록이 남아 있지 않은 것으로 미루어 경교의 활동이 활발했던 것 같지는 않다.

1천 3백여 년 전, 이렇게 기독교의 한 종파는 한반도에 잠시 왔다가 땅속의 유물로 남아 천 년을 견뎠던 것이다.

서당의 교과 과정이
가진 한계는?

1천 개 글자로 공부를 시작한 학동들

천지天地로 시작해서 호야乎也로 끝나는 『천자문』은 조선 시대 학동들이
서당에서 가장 먼저 접하는 문자 학습용 교과서였다. 꼬박 1천 개의 서로
다른 글자로 구성된 이 책은 중국 양나라의 주흥사라는 사람이 지은 것
인데, 책을 만드느라 머리가 하얗게 세었다고 해서 백수문白首文이라고도
불렸다.

『천자문』은 가장 기초적인 문자 교육용 교재지만 문제점도 만만치 않
았다. 학동들이 가장 처음 배우는 교재임에도 세상의 이치를 이해해야
뜻을 알 수 있었고, 쉬운 글자부터 가르치지 않고 복잡한 글자를 주입식
으로 가르치는 폐단이 있었다. 이에 많은 유학자들이 새로운 교과서를
직접 집필했는데 대표적인 것을 들어보면, 서거정의 『유합類合』, 최세진
의 『훈몽자회訓蒙字會』, 정약용의 『아학편兒學篇』, 이승희의 『정몽유어正蒙類
語』 등이다. 그러나 역시 『천자문』이 가장 널리 쓰였다.

『천자문』을 떼고 나면 대개 『동몽선습童蒙先習』을 배웠다. 16세기 중엽

명종 때의 사관으로 바른 소리를 하다 조정에서 물러난 유학자 박세무의 작품이다. 벼슬에서 물러난 후 당시의 권력자 이기가 불렀지만 응하지 않고 이 책을 지어 아이들을 가르치는 데서 기쁨을 찾았다고 한다.

먼저 오륜을 하나하나 떼어서 설명하고, 총론으로 오륜이 인간과 짐승을 구별하는 원리임을 주장했다. 그 다음에는 명나라까지의 중국 역사와 단군 이래의 조선 역사를 약술했다. 큼직큼직한 글자와 알아듣기 쉬운 단문 중심으로 책을 꾸며 아이들이 보기 좋도록 했다. 비록 일개 유학자가 쓴 것이지만 내용이 좋다고 인정되어 거의 모든 서당에서 『천자문』 다음에 『동몽선습』을 가르쳤다. 박세무가 직접 쓴 원본에는 여자아이들의 교양에 필요한 문구를 여러 책에서 뽑아 실었는데, 나중에 널리 퍼진 목판본에는 이 부분이 빠져 있다. 아마 서당에서 배우는 학동들이 대개 사내아이였기 때문일 것이다.

다른 과목에 앞서 도덕 공부를

『동몽선습』과 비슷한 시기에 아이들이 접하게 되는 책은 『명심보감明心寶鑑』이다. 원래 명나라의 책인데 고려 때 예문관 대제학을 지낸 추적이라는 이가 원본을 기초로 19편으로 재편집했다고 한다. 『동몽선습』이 오륜을 중심으로 기초적인 인간의 윤리를 가르치는 데 비해 이 책은 사회생활에서 꼭 지켜야 할 도리를 가르치고 있다. 첫머리에 나오는 「계선편」에는 착한 사람에게는 복이 오고 악한 사람에게는 결국 화가 미친다는 내용의 금언들이 들어 있다. 「순명편」에는 생사와 부귀가 다 하늘의 뜻이니 분수에 맞게 살라는 가르침이 들어 있다. 「정기편」에는 일상 생활을 항시 반성할 것과 항상 맑고 청렴한 생활을 해야 한다는 내용이 들어 있다.

아이들이 글자를 익힌 후 가장 먼저 접하는 『농농선습』 『명심보감』은 일종의 도덕책이다. 조선의 아이들은 학문을 배우기 전에 먼저 인간의 도리부터 배웠다. 학문을 하든 정치를 하든 먼저 바른 마음의 기초가 있어야 된다고 생각한 당시의 교육관을 엿볼 수 있다.

몇 년씩 중국 역사와 씨름하다

다음 단계로 배운 것은 역사였다. 과거의 역사를 배워 현재를 되새기고 미래를 만드는 지혜를 익히자는 취지라고 할 수 있다. 다만 안타까운 것은 사대주의와 모화사상에 젖어 조선이 아니라 중국의 역사를 배웠다는 점이다. 『사략』과 『통감절요通鑑節要』가 그것인데, 비록 두 종이지만 워낙 분량이 방대하여 아이들은 몇 년씩 이 책을 벗어나지 못했다.

『사략』은 중국의 증선지가 태고 때부터 송나라 때까지의 역사를 여러 역사서에서 뽑아 지은 책이다. 『통감절요』는 주나라로부터 5대까지의 역사를 기록한 『자치통감』을 강소미라는 중국 학자가 내용을 간추려 만든 책이다.

이 두 역사책에는 중국 역대의 대소사가 기록되어 있는데, 앞서 배웠던 인간의 도리가 구체적인 역사와 사건 속에서 어떻게 드러나는지를 익히는 교재로 활용되었다. 그 취지야 좋지만 소년 시절부터 중국 역사, 중국 사람들의 일만 배우다 보니 유학자들이 이야기할 때도 한국사 대신 중국사를 예로 들게 되었다. 임진왜란 이후 실학자들이 등장하면서 이런 경향을 날카롭게 비판했지만 역부족이었다.

중국 고사를 들어 권선징악의 훈계를 내리는 수준

여기까지가 대개 초급 과정이라고 할 수 있다. 우리가 흔히 알고 있는 사서삼경은 이런 초급 과정을 마친 후 본격적인 학문을 하면서 접하는 책들이다. 그런데 사서삼경에 접하기 위해서는 또 하나의 관문이 있었다. 『동몽선습』과 『명심보감』을 배우면서 익혔던 인간의 도리를 조금 더 깊이, 조금 더 넓게 배우는 과정인데 바로 『소학小學』과 『효경孝經』이다.

『소학』은 주자의 제자인 유자징이라는 사람이 지었는데, 청소년의 행실에 필요한 내용이다. 청소하는 법, 어른을 대하는 법, 사회생활에서 지켜야 할 법도 등이 들어 있는데, 특히 조선 초 사림의 우두머리였던 조광조가 적극적으로 보급했다. 『효경』은 제목 그대로 부모에게 효도할 것을 가르치는 내용이다. 공자의 제자인 증자가 지었다고 하지만 확실한 것은 아니다.

대개 학동들이 이 정도의 과정을 마치면 십대 후반이 되었다. 요즘 식으로 치면 고등학교를 졸업하는 셈이다. 이 정도만 마쳐도 조선 시대가 요구하는 기초적인 학문은 익힌 것이고 제법 문자 속이 있다는 말을 들을 만했다. 마을 제사 때 축문을 쓰거나 결혼식 때 필요한 사주나 혼서婚書를 제 손으로 지을 수 있었기 때문이다. 또 제법 아는 척하며 중국의 고사를 들어 권선징악의 훈계를 내릴 수도 있었다.

그러나 그들이 배운 것은 사회적 통합의 기초인 인간의 도리와 중국의 역사가 전부라는 한계가 있었다. 한국의 역사에는 무지했고, 과학 기술을 비롯한 실용적인 학문과는 아예 접할 기회조차 없었다. 공부가 너무 편중되었던 것이다.

오늘날 대학 이상의 고급 과정

초급 과정을 마치면 이제 본격적인 학문 즉, 과거 시험을 보기 위한 넓은 학문으로 나아갔다. 즉 사서오경四書伍經의 단계이다. 율곡 이이는 소학을 마친 사람이 거쳐야 할 단계로 『대학大學』 『논어論語』 『맹자孟子』 『중용

中庸』『시전詩傳』『예기禮記』『서전書傳』『역易』『근사록近思錄』『가례家禮』『심경心經』『이정전서二程全書』『주자대전朱子大典』『성리대전性理大典』『강목綱目』『자치통감資治通鑑』『역대정사歷代正使』『동국제사東國諸史』 등을 꼽았다.

오늘날의 대학 과정 이상에 해당되는데 여기서부터는 본인의 열정과 성취에 따라 더 나아가기도 하고 중도에 그만두기도 했다. 대개 시골 마을의 서당에서 배우기는 어렵고 관립학교인 향교나 유학자들의 사립학교인 서원에서 배웠다. 말단의 벼슬인 진사나 생원이 되기 위해서는 이 책들을 어느 정도 자기의 것으로 삼을 수 있어야 했다.

한 사회가 무엇을 중시하는지 알고 싶으면 어린아이들의 교과서를 보면 된다. 조선의 교과서도 예외는 아니다. 처음부터 끝까지 단 한 가지 목표를 위한 책들이었으니, 그 목표란 바로 유교적 이상 사회였다. 이에 대항하는 실학자들이 있었지만 그들은 어디까지나 '변방에 우짖는 새'일 뿐이었다.

조선 시대 여행자들이 쉬어 가던 곳, 이태원

이태원, 조치원…, 옛 휴게소 이름의 흔적

우리나라를 찾는 외국인들이 가장 즐겨찾는 곳이 이태원이다. '원阮'이라는 지명은 이곳이 옛 휴게소였음을 말해주는 흔적이다. 사리원, 조치원 등의 원도 마찬가지이다. 여행자가 먹고 자고 쉴 수 있는 휴게소를 조선 전기에는 원阮이라고 불렀다. 1530년 중종의 중수 명령에 따라 『동국여지승람』을 개수한 『신증동국여지승람新增東國輿地勝覽』에 따르면 원은 당시 전국에 무려 1210개나 있었다고 한다.

조선 전기에도 여행자를 위한 편의 시설은 제법 훌륭했다. 주요 도로에는 이정표와 역, 원이 일정한 원칙에 따라 세워졌다. 10리마다 지명과 거리를 새긴 작은 장승[小堠]을 세우고 30리마다 큰 장승[大堠]을 세워 길을 표시했다. 그리고 큰 장승이 있는 곳에서는 역과 원을 설치했다. 주요 도로마다 30리에 하나씩 원이 설치되다 보니 전국적으로 1210개나 되었다.

역이 국가의 명령이니 공문서, 중요한 군사 정보의 전달, 사신 왕래에 따른 영송과 접대 등을 위해 마련된 교통 통신 기관이었다면 원은 그들을 위해 마련된 일종의 공공 여관이었다. 주로 공공 업무를 위한 여관이었지만 민간인들에게 숙식을 제공하기도 했다.

조선 전기에는 원 이외에 여행자를 위한 휴게 시설이 따로 없었으므로 원을 이용하지 못하는 민간인 여행자들은 여염집 대문 앞에서 '지나가는 나그네인데, 하룻밤 묵어갈 수 없겠습니까?'라고 물어 숙식을 해결할 수밖에 없었다. 그러나 임진왜란과 병자호란을 거치면서 점사店舍라는 민간 주막이나 여관들이 생기고, 관리들도 지방 관리의 대접을 받게 되니 원의 이용이 줄어들게 되면서 역할은 점차 사라지고 지명에 그 흔적만 남았을 뿐이다.

원은 정부에서 운영했기 때문에 재원도 정부에서 마련했는데, 주요 도로인 대로와 중로, 소로 등에 설치된 원에는 각각 원위전阮位田이라는 땅을 주어 운영 경비를 마련하도록 했다. 그렇다면 누가 운영했을까? 역에는 종6품 관리인 찰방察訪이 파견되어 여러 개의 역을 관리하며 역리와 역노비를 감독했지만 원은 달랐다. 정부가 일일이 원의 운영에 관리를 파견할 수 없었다. 그래서 대로변에 위치한 원에는 다섯 가구, 중로에는 세 가구, 소로에는 두 가구를 원주阮主로 임명했다. 원을 운영하는 가구는 승려, 향리, 지방 관리 등이었는데 원을 운영하는 대신 각종 잡역에서 제외시켜주었다.

1210개에 달하는 휴게소들이 설치된 곳은 주요 도로변이었다. 조선에는 모두 10개의 주요 도로가 있었는데 요즘 1번 국도, 2번 국도 하듯이 1로路부터 10로까지 이름이 붙어 있는 도로들이었다. 휴게소가 설치되었던 이들 주요 도로를 잠깐 살펴보자.

조선 팔도를 잇는 10대 주요 도로

1로와 2로는 북쪽 국경으로 난 도로이다. 1로는 서울에서 고양, 파주를 거쳐 평양, 정주를 통과해 의주에 이르고, 2로는 원산 쪽으로 가서 영흥, 함흥을 거쳐 두만강변의 서수라로 가는 길이다.

동해 쪽으로는 3로와 10로가 있다. 흔히 관동로라고 부르던 3로는 원주, 강릉을 거쳐 경북 평해에 이른다. 10로는 동해에 도달하는 것이 아니라 충주를 지나 안동, 봉화에 이르는 영남 내륙 지방으로 뻗은 길이다. 아마 경상도의 이 지역에 권문세가가 많았기 때문에 중시되었던 것이 아닐까 싶다.

서해 쪽으로 난 길에는 8로와 9로가 있다. 비교적 짧은 길인 8로는 평택, 소사를 거쳐 서해안의 충청 수영까지 이어졌고, 9로는 강화 가는 길이었다.

남쪽으로 난 길에는 모두 4개 노선이 있었다. 전라도 쪽으로 해서 제주에 이르는 길이 7로인데, 서울을 출발하여 동작 나루와 과천을 지나 수원—천안—공주—여산—삼례역—태인—정읍—장성—나주—영암—해남을 거쳐 수로로 제주에 도착하는 길이다.

6로는 삼례역까지의 구간이 7로와 같고 여기서 헤어져 전주—남원—함양—진주를 거쳐 통영에 도착하는 길이다. 경상도로 가는 3개 노선 중 한양에서 봐서 오른편에 있다고 해서 우로라고 불렸다.

중로는 제5로인데, 한강을 거쳐 판교—용인—양지—광암—달내—충주—조령—문경—유곡역—상주—성주—현풍—칠원—함안—진해—고성을 지나 통영에 도달하는 길이다.

4로는 부산으로 가는 길이다. 서울에서 유곡역까지는 5로와 같고 유곡역에서 갈라져 낙원역—낙동진—대구—청도—밀양—황산역을 거쳐 농

래, 부산에 도착했다. 이상의 10로는 조선의 가장 중요한 도로로서 팔도
를 잇는 동맥이었다.

조선의 어부 문순득의
기상천외한 표류기

폭풍우와 천둥번개 속에서 살아남다

천 년 전의 시인 최치원은 망망한 바다 위로 떠가는 배를 바라보며 이렇게 노래했다.

돛달아 바다에 배 띄우니

오랜 바람 만리에 통하네

뗏목 탔던 한나라 사신 생각나고

불사약 찾던 진나라 아이도 생각나네

해와 달은 허공 밖에 있고

하늘과 땅은 태극 중에 있네

봉래산이 지척에 보이니

나는 또 신선을 찾겠네

— 범해(泛海, 바다에 배를 띄우다)

이 시는 바다를 소재로 한 우리나라 시 중에서 가장 오래된 것이다. 배를 타고 바다에 나가니 외교를 위해 먼 나라로 가던 사신도 생각나고, 덧없는 욕망 때문에 불사약을 찾아 세월을 헛되이 보낸 진나라 사람들도 생각나는데, 나는 그저 욕심 없이 세상을 관조하는 신선이 되고 싶다는 내용이다.

그런데 전혀 다른 바다가 있다. 폭풍우가 몰아치고 천둥 번개가 치는 바다, 그야말로 일엽편주가 되어 생사가 오락가락 하는 때의 바다이다. 바다는 인간에게 어디 네 목숨이나 잘 지키는지 보자 한다. 이런 바다에서 물귀신이 되지 않고 살아남으면 그에게는 새로운 인생이 시작된다.

우리 옛사람 중에 이런 무서운 폭풍우 속에 살아남아 그 기록을 남긴 이가 있다. 멀고 먼 이국 땅을 표류하며 이들이 남긴 기록을 '표해록漂海錄'이라 한다. 그중 가장 오래된 최보의 「표해록(1488년)」을 비롯하여 6편 정도의 표해록이 있다.

이들의 주요 기착지는 중국, 류큐, 일본 등지이며 그 사연을 보면 바다에 고기 잡으러 나갔다가 풍랑을 만나거나, 과거 시험을 보러 가다가 폭풍우에 길을 잃는 등 다양하다.

가장 먼 거리를 가장 오랫동안 표류한 어부 문순득

이 중에서 가장 먼 거리를, 가장 오랫동안 헤매다 고향 땅으로 되돌아온 사람은 어부 문순득이다. 그는 양반이 아니었으므로 기록을 남기지도 못했다. 그러나 마침 그곳에 귀양와 있던 정약전이 1805년에서 1816년 사이에 문순득의 이야기를 듣고 표해록을 썼고, 1818년 또 다른 귀양자 유암이 이를 보충하여 역사에 남겼으니, 그 전말은 이렇다.

〈명나라로 가는 바닷길〉, 작자 미상, 국립중앙박물관

조선의 문신 이덕형은 인조의 책봉을 위해 명나라에 사신으로 다녀왔다. 그는 훗날 바닷길을 이용할 이들에게 도움이 되도록 사행 장면을 그림으로 남기게 했다. 옛사람들에게 바다는 생사를 걸고 건너야 하는 곳이었다.

어부 문순득은 소흑산도에 사는 어민이었다. 1801년 12월에 그는 작은 아버지와 동료 네 명과 홍어를 사러 남쪽으로 수백 리 떨어진 태사도로 간다. 거기서 홍어를 사서 1802년 1월 18일 돌아오는 길에 그만 풍랑을 만나 표류를 시작했다. 방향을 잃고 풍랑 속에 떠밀리다가 약 2주 후에 육지에 도착했는데(2월 2일) 유구국流球國, 즉 류큐였다. 류큐는 일본 남쪽 북위 26도 지역에 있는 오키나와 제도의 섬들을 말한다. 제주도가 북위 33도 지역이니까 태평양 남쪽으로 한참을 떠밀려간 것이다. 이 나라는 조선에 사신을 보내오기도 했었다. 문순득 일행은 유구국 양관촌에 닿아 거기서 머물게 되었다.

유구국에서 아홉 달 동안 머문 일행은 그해 10월 7일 세 척의 배로 중국을 향해 출발했다. 당시에는 유구국과 조선을 오가는 정기 배편이 없었으니 어쨌든 조선 쪽에 가까워지는 배편이 있으면 탈 수밖에 없었다. 그런데 이게 웬일인가? 이 배가 다시 폭풍우에 떠밀려 표류하게 되었다. 다행히 죽지 않고 이번에도 육지에 닿았는데, 그곳은 여송呂宋, 즉 필리핀의 로손섬이었다. 이때가 1802년 11월 1일이다. 이번에는 3주 정도를 헤맨 것이다.

이들은 여송에서 이듬해 3월까지 머물렀다. 3월 16일, 일행 여섯 명 중 네 명은 먼저 출발하고 문순득은 함께 탔던 나무꾼 아이 김옥문과 함께 중국으로 간다. 다행히 이번 항해는 무사히 끝나 광동에 도착했다. 이제 대륙에 도착했으니 육지를 통해 조선에 돌아갈 수 있었다. 그러나 그것은 참으로 머나먼 여정이었다. 광동에서 출발하여 북경, 의주를 거쳐 서울로 오기까지 무려 2년에 가까운 시간이 걸렸다. 서울에서 다시 배를 타고 고향 소

문순득 일행의 표류 여정

우이도(지금의 소흑산도) 출발,
1801년 12월

⇩

태사도(흑산도 남쪽 수백 리)에 도착

⇩

귀향 중 우이도 서남 수백 리에서 표류,
1802년 1월 18일

⇩

유구국(流球國, 오키나와)에 도착,
1802년 2월 2일

⇩

중국을 향해 출발,
1802년 10월 7일

⇩

그날 또다시 표류

⇩

여송(呂宋, 필리핀)에 도착,
1802년 11월 1일

⇩

다시 중국을 향해 출발,
1803년 3월

⇩

그후 광동, 북경, 의주, 서울을 거쳐 귀가,
1805년 1월 8일

흑산도에 도착하니 이때가 1805년 1월 8일이었다.

　다른 표류기도 있지만 문순득만큼 먼 거리를 오래 헤맨 사람은 없다. 1801년 12월에 고향을 떠나 1805년 1월에 고향에 돌아오니 3년 2개월이 걸린 셈이다. 그에게 바다는 '신선을 찾는 곳'이기는커녕 폭풍우가 늘 일어나는 무서운 곳이었다. 다행히 그는 바다에 빠져 죽는 대신 당시의 조선인들은 가보지 못한 류큐, 필리핀, 중국 등지를 견학하는 행운을 얻었다. 그리하여 정약전을 만나 기나긴 여행을 기록으로 남길 수 있었던 것이다.

조상님들이 활쏘기에
매달린 까닭은?

원거리 싸움에 능한 한국인

"수성守成에 능한 자 고려 같은 나라가 없으며, 공성攻城에 능한 자 또한
고려 같은 나라가 없다."

당나라 이후 중국인들이 했던 말이다. 수나라가 고구려 정복에 실패해
망하고, 당 태종이 고구려를 공격하다 죽은 이후에 생긴 유행어이다.

수성이니 공성이니 하는 싸움에서는 태권도와 같은 무술을 쓰는 근접
전이 필요 없다. 성벽을 사이에 두고 서로 떨어져서 싸우는 원거리 싸움
이다. 한국인들은 이 원거리 싸움에 능했다. 고대 이래로 원거리 싸움에
가장 필요했던 무예는 무엇인가? 바로 활쏘다. 한국인들은 활쏘기의
명수인 것이다.

임진왜란 중인 1594년 선조는 훈련도감에서 장창長槍, 당파(鏡把, 삼지
창), 낭선(狼筅, 9~11개의 가지가 붙은 창), 쌍수도雙手刀, 등패(藤牌, 등나무
방패와 칼 표창을 함께 쓰는 것), 곤봉棍棒 등의 여섯 가지 무기를 가르치도
록 했다. 왜란의 피해를 보면서 화살로는 총에 대항하기 힘들게 되었지

만 근접전의 무예에 능하지 못해 다른 종류의 싸움은 할 수 없었기 때문이다. 그런데 장교들은 이를 기피하여 병조에서는 왕에게 다음과 같이 말했다.

"우리나라 풍속으로는 오로지 활쏘기만 익혀왔으므로 창검을 사용하는 기술에 있어서는 잘 알지 못합니다. 지금 이들에게 이미 이룬 재주를 버리고 이루기 어려운 새 기술을 익히게 하니, 활을 잡고 화살을 쏘게 할 경우에는 모두 명중시킬 수 있는 무사지만, 칼을 잡고 머뭇거리게 될 경우에는 오히려 쓸모없는 둔한 군졸이 될 것입니다."

산지가 발달해 백병전보다 공성전을

한국인은 왜 활쏘기에 매달렸을까? 아마도 그것은 한국의 지형 때문일 것이다. 산지가 발달했기 때문에 주로 산성을 중심으로 전투가 벌어졌고, 평지에서의 백병전이 많지 않았다. 그러므로 수성이나 공성 등 원거리 전투에 필요한 무예인 활쏘기를 중시하게 되었다. 그러나 이 때문에 조선 시대에 들어와서 크게 낭패를 당하게 된다.

한국 역사에서 활쏘기는 하나의 풍속이었다. 고구려를 세운 고주몽의 '주몽'이 '활을 잘 쏘는 사람'을 일컫는 말이라는 건 잘 알려져 있다. 활 잘 쏘는 사람을 선사善射라고 하는데, 고구려는 아예 어릴 때부터 글읽기와 활쏘기를 가르쳐서 전국민의 선사화가 이루어져 있었다.

중국인들은 우리나라 사람을 동이족東夷族이라 불렀는데, 동이의 이夷자를 풀면 대궁大弓이 된다. 즉 동쪽의 큰 활을 잘 쏘는 사람들이라는 뜻이다. 백제에서도 활쏘기는 민간의 일상적인 풍속이었고, 신라도 인재를 선발할 때 활쏘기로만 뽑았을 정도로 활쏘기를 중시했다.

고려와 조선의 역대 왕들 역시 끊임없이 활쏘기를 장려했다. 고려나

〈활쏘기〉, 김홍도, 국립중앙박물관
한 사내가 활쏘는 자세를 배우고 있고, 그 곁에
화살을 살피는 이, 활을 구부리는 이가 보인다.
예로부터 한민족은 활로 유명해 '동쪽의 큰 활을
잘 쏘는 사람들'이라 불렸다.

조선 모두 무武보다는 문文을 중시하는 풍토였는데 활쏘기만은 누구나
익혀야 했다. 무관에 오르려는 사람은 물론이고 문관과 그 자제들 역시
활쏘기를 익혔는데, 그들을 위해 별도로 학습소를 만들기도 했다. 역사
책에도 창이나 칼을 잘 쓰는 사람, 권각법을 잘 익힌 사람의 얘기는 거의
나오지 않지만 활을 잘 쏜 선사 이야기는 무수하게 소개되고 있다.

최고의 성능을 자랑한 한국의 활

이렇게 온 백성이 활쏘기에 전념하다 보니 자연히 활 만드는 기술도 발달
하게 되었다. 일본의 활은 나무나 대나무로 만든 통나무 활인데 비해 한
국의 활은 나무나 대나무에 짐승의 뿔이나 힘줄 등 복합적 재료를 붙여서
만들어 일본 것보다 사정거리가 훨씬 길었다. 이를 각궁角弓이라고 하는
데, 물소 뿔, 소의 힘줄, 대나무, 뽕나무 조각, 민어 부레풀(접착제), 화피 등
다양한 재료가 사용되었다. 대나무로 활의 기본적인 뼈대를 만들지만 여
기에 뽕나무 조각과 물소 뿔 등을 붙여서 통나무 활과는 비교가 안될 정

도의 탄력을 갖게 했다. 그 탁월한 탄력 덕분에 각궁은 일본이나 중국의 활보다 훨씬 긴 사정거리를 가질 수 있게 된 것이다. 뿐만 아니라 두만강 지역에서 나는 광대싸리나무로 살을 만들고 흑요석黑曜石으로 촉을 만든 화살은 쇠도 뚫는 위력을 가졌다 하여 천하가 보배로 삼았다는 기록이 남아 있다. 물론 이런 활과 화살도 조총에는 당할 수 없었지만.

하늘이 우는 날에는
사형을 집행하지 않는다?

하늘의 권위를 위해 남겨둔 금형일

중국 무협 소설의 대가 김용의 『소호강호』에는 죽은 사람도 살린다는 명의 '평일지'라는 사람이 나온다. 이 사람은 성격이 괴팍해서 죽어가는 사람을 살려준 뒤 그에게 반드시 한 사람을 죽이라고 했다. 그리고 환자나 환자를 데려온 사람에게서 자신이 지명한 사람을 죽이겠다는 다짐을 받고서야 치료를 했다.

"내가 죽으면 염라대왕이 지상에서 명이 다해 죽을 사람을 살려 천명을 어겼다는 이유로 나를 지옥으로 보낼 것이다. 그러니 한 사람을 살리면 반드시 한 사람을 죽여서 숫자를 맞춰야 한다"라는 것이다. 해괴한 논리지만, 인간의 목숨은 하늘에 달렸으니 하찮은 인간이 개입해서는 안 된다는 뉘앙스도 느껴진다.

그렇다면 사형 제도는 어떤가? 하늘이 정한 인간의 수명을 인간이 조절하는 것이 아닌가? 비록 왕이 지상에서 가장 권세 있는 사람이라고 하나 하늘의 권위에 도전할 수는 없지 않은가?

그래서 예로부터 동양인들은 형 집행 피하는 날을 정해두었다. 이것을 금형일禁刑日이라고 하는데, 당나라는 법으로 금형일을 정했고, 고려에서도 당나라의 법에 준하여 금형일을 지정해 놓고 있었다. 금형일에는 사형 집행 뿐만 아니라 다른 형벌의 집행도 막았고 고문이나 심문도 하지 않았다.

고려의 금형일을 보면, 우선 사형 집행을 금하는 날이 있다. 중국에서 유래한 것으로 매월 1, 8, 14, 15, 18, 23, 24, 28, 29, 30일이다. 이날들은 도가의 명진재일明眞齋日로, 하늘에 사는 태일 신선이 지상을 둘러보러 내려와 선악을 살핀다는 날이다. 한 달에 10일은 사형 집행을 할 수 없는 날인 것이다. 속절일俗節日, 즉 세속에서 지내는 명절날도 피했다. 왕이나 왕족이 죽은 국기일과 2월 1일에도 사형을 집행하지 않았다.

고려의 금형일은 조선 시대에도 이어지는데 며칠이 더 늘어났다. 왕과 왕비의 탄생일과 그 전후 각 하루씩 3일, 큰 제사가 있거나 나라에서 제를 지내는 날, 그믐날, 정조시일(停朝市日, 국상이나 대신의 장례 또는 큰 재변이 있어 관아가 일을 보지 않고 시장은 문을 닫고 쉬는 날) 등에 형을 집행할 수 없었다. 여기에는 입춘, 우수, 경칩 같은 24절기에도 형을 금했다. 즐거운 날 혹은 국가의 대사가 있는 날에 하늘의 뜻을 거스를 수 없다고 보았던 것이다. 특히 성종은 금형일에 관심을 가져 각 도의 관찰사들에게 금형일을 준수하라고 명을 내리기도 했다.

여기에 날짜를 못박지 않은 금형일이 있었으니, 바로 비오는 날이다. 금형일을 피해 날을 받아놓았더라도 그날 비가 오면 형을 중지했다. 왜일까? 정확한 이유를 알 수는 없지만 비오는 날의 사형 집행은 당하는 자나 집행하는 자나 모두 모양이 좋지 않았기 때문일지도 모르겠다. 아니면 형을 당하는 자에 대한 마지막 배려, 하늘조차 울고 있는 우울한 날에는 사형을 시키지 않겠다는 생각에서였을 수도 있다.

조선 시대에는 이런 금형일과 더불어 관습적으로 춘분이 지나서 추분 까지의 기간에는 가급적 사형을 집행하지 않았다. 그래서 죄인에게 형을 언도 할 때, 아예 기간에 상관없이 죽일지, 아니면 춘분에서 추분 사이에 는 죽이지 말아야 할지를 같이 언도했다. 추분을 넘길 때까지 형을 미루 는 것을 대시참(待時斬, 때를 기다리는 참형이라는 뜻), 기다리지 않고 형을 집행하는 것을 부대시참不待時斬이라 하여 구분했던 것이다. 형을 받은 죄 인도 대시수待時囚와 부대시수不待時囚로 나뉘었다.

한 예로 황석영의 대하소설 『장길산』을 보면 주인공 장길산이 사람을 죽여 옥에 갇혔을 때 그를 구명하려던 자가 장길산의 죄가 부대시참에 해당하니 먼저 대시참으로 바꾸어놓으려고 하는 장면이 나온다. 그러면 일정 기간 동안은 죽을 염려가 없는 대시수가 되니 그 사이에 구할 방도 를 마련하자는 의도인 것이다.

금형일을 어기면 곤장 80대

금형일을 어길 수 있는 것은 왕이었다. 세종 즉위년에 상왕인 태종이 강 상인, 이관, 심청 등의 죄인을 의금부에서 국문하라는 명을 내렸는데, 하 필 그날이 11월 23일로 금형일이었다. 신하가 "오늘이 금형일인데 어찌 하오리까" 하자 태종은 "병이 급하면 날을 가리지 않고 뜸을 들이는 법, 이것은 큰 옥사이니 멈출 수 없다" 하여 강행했다고 한다.

반면 신하들은 금형일을 어기면 벌을 받았다. 문종 즉위년 4월 17일에 사간원과 사헌부의 대신 네 명이 파직을 당했는데 국상의 금형일에 죄인 을 문초했다는 것이 그 이유였다. 원래 법에는 금형일을 어기면 곤장 80 대를 맞도록 되어 있었다.

금형일은 사람이 사람을 죽이는 것을 꺼리는 마음에서 생긴 것이다. 오늘날보다 훨씬 엄하게 죄인을 다뤘던 옛날에도 이처럼 사람을 죽이는 일만은 조심했던 것이다.

'지구는 돈다'고 말한
최초의 한국인은?

수행군관 홍대용의 삶을 바꾼 북경행

1765년 11월, 한양에서는 일군의 무리들이 말을 타고 혹은 걸어서 길을 떠나고 있었다. 매년 한 차례 정기적으로 청나라를 향해 떠나는 동지사의 사신 일행이었다. 3백여 명의 일행 가운데 홍대용(1731~1783년)이라는 수행군관이 있었다. 과거 시험을 여러 차례 떨어진 후 머리도 식힐 겸 청의 선진 문물도 배울 겸 해서 서른다섯의 나이에 작은아버지 홍억의 수행관이라는 명목으로 이 사신 행렬에 따라나섰다. 홍억이 서장관(외교 문서 및 사건 기록관, 서열 3위)이었던 만큼 사람 하나쯤 붙이는 데 큰 어려움은 없었다.

일행은 11월 초에 중국으로 떠나 그해가 가기 전에 북경에 도착했다. 먼 길이었다. 그런데 북경에 도착하자 홍대용은 작은아버지 홍억을 수행하는 것보다 딴 일에 열심이었다. 중국 학자들과 교분을 나누는가 하면 당시 북경에 와 있던 서양 선교사들을 만나러 다니는 것이었다. 독일계 선교사로 중국 조정에서 일하던 유송령(劉松齡, A. von. Hallerstein), 포

우관(鮑友管, A. Gogeisl) 등이 그들이었다. 말이 통하지 않아도 선교사들이 한문을 좀 알고 있었기 때문에 홍대용은 그들과 필담을 나누곤 했다. 홍대용은 이들을 통해 서양과 서양의 새로운 과학 사상에 지대한 관심을 가지게 되었다.

북경에서 60일가량 체류한 동지사 일행은 2월에 북경을 출발하여 조선으로 돌아왔다. 비록 짧은 기간이었지만 이 기간은 홍대용의 삶을 바꾸어 놓는 데 중요한 역할을 하였다. 그후 홍대용은 벼슬을 살기는 했지만 『조선왕조실록』에 한 번도 그 이름이 나오지 않을 만큼 미직이었다. 새로운 문물과 새로운 사상을 접한 홍대용은 북경에서 돌아온 후 10여 년 간 자기 나름의 독창적인 과학 사상을 세우기 시작했다.

'지구는 돈다'고 말한 최초의 한국인

홍대용이 세운 과학 사상 중 가장 획기적인 것은 지전설이다. 지구가 스스로 돈다는 것이다. 그는 서양 선교사들의 책에서 천동설과 지전설을 비교해놓은 것을 보았다. 이미 서양에서는 지전설이 널리 퍼져 교회의 천동설과 대립하고 있었다. 선교사들은 혹 중국 사람들이 지전설을 믿을까봐 천동설과 지전설을 비교하여 천동설의 옳음을 설파했다. 그 바람에 고대 그리스에서 지전설을 설파한 헤라클레이토스 등의 주장과 다양한 천체관을 담은 『오위력지(伍緯曆指, J. Rho, 1638년 간행)』같은 책이 중국에서 간행되었다.

그런데 홍대용은 선교사들의 주장과 여러 책들을 읽고는 선교사의 강력한 주장을 무시하고 오히려 지전설이 옳다고 생각하기에 이르렀다. 하늘이 도는 것보다는 지구가 도는 것이 간편할 뿐 아니라 합리적이라는 것이었다. 홍대용은 독창적인 지전설 외에도 우주 무한론을 주장했고 수

학, 천문학 등에도 업적을 남겨 조선 시대의 가장 뛰어난 과학 사상가로 평가받게 되었다.

그러면 홍대용이 지구가 스스로 돈다고 말한 최초의 한국인일까? 아니다. 홍대용이 태어나기도 전에 이미 지전설을 주장한 한국인이 있었다. 바로 김석문(金錫文, 1658~1735년)이다. 그 역시 관직은 별 볼일 없어 군수를 지낸 것이 고작이지만 새로운 학문에 열심인 성리학자였다.

지구는 나를 중심으로 돈다, 김석문

애초에 김석문은 역易에 관심을 가졌다. 그래서 중국 주자학의 대가들이 주장한 삼라만상의 형성과 변화의 이치를 깊이 이해하고 있었다. 그러다가 선교사가 쓴 한 권의 책을 보았는데 바로『오위력지』였다. 이 책에는 천동설을 주장하는 프톨레미Ptolemy와 지전설을 주장한 브라에Brahe의 생각이 소개되어 있었다. 브라에는 지구를 중심으로 달과 태양 및 항성이 회전하며, 태양의 둘레를 수성, 금성, 목성, 화성, 토성 등이 회전하고 있다고 주장했다. 좀 불완전한 천제관이지만 김석문은 자신의 성리학적 관점에서 이해한 역을 토대로 브라에의 견해를 받아들이면서 여기에 한 가지를 보완했다. 김석문은 자신이 쓴『역학도해易學圖解』에서 여러 행성들이 태양의 주위를 궤도를 따라 돌 뿐만 아니라 지구도 남북극을 축으로 1년에 360번 자전한다고 주장했다. 만물을 움직이게 하는 기의 흐름으로 볼 때 지구도 움직인다고 생각했던 것이다.

그러나 이런 선구적인 과학 사상은 제대로 전파되지 못했다. 과학적인 천문관측을 통해 형성된 과학 사상이 아닐뿐더러, 다른 학자들의 관심을 끌지도 못했기 때문이다. 지구가 돌든 하늘이 돌든 조선의 성리학자들은 신경쓰지 않았다. 서양에서 지동설이 신의 입지를 위협했던 것과 달리,

조선의 성리학 체계는 지동설의 위협을 받지 않았기 때문이다. 그래서 이들의 독창적인 생각은 단지 주장으로 남았을 뿐이다.

학생 시위의 선구자,
성균관 유생들

최고의 엘리트 집단이 모인 성균관

조선 시대의 학교로는 서당, 향교, 서원, 성균관 등이 있다. 이 가운데 고급 학교, 즉 지금의 대학교라고 할 만한 것이 서원과 성균관이다. 조선 전기에는 관립학교인 성균관이 대학으로서의 기능을 중심적으로 담당했고, 중기 이후 후기로 가면서 점차 사립학교인 서원이 성균관 대신 대학의 기능을 맡았다. 여기서는 국립대학 격인 성균관 유생들의 시위 문화에 대해 알아보자.

성균관 유생들은 대단한 자부심을 가지고 있었다. 우선 학생 수가 제한되었는데, 개국 초에는 150명, 세종 때 증원되어 200명이 되었다. 이 가운데 절반은 생원과 진사로만 구성되었다. 당시의 과거를 1차와 2차로 나눈다면 1차 시험에 합격한 사람들이다. 이들이 성균관의 정규 학생으로 상재생上齋生이다. 나머지 반은 하재생下齋生인데, 어린 학생들 가운데 소정의 시험을 거쳐 합격한 이와 고급 관료의 자제로 구성되어 있었다. 전원 기숙사 생활을 했고, 입학금 같은 것도 없이 비용 일체를 국가에서 제공했다. 지금으로 따지면 그야말로 미래의 엘리트로 대우를 받았고, 본인들도 그렇게 생각했다. 입학은 매우 까다로웠지만 졸업은 따로 정해진 기한이 없었다. 과거에 급제하면 졸업했다. 물론 영영 시험에 못 붙어 탈락하는 사람들도 있었지만 말이다. 그런데 미래가 보장된 이런 엘리트들이 과연 시위를 했을까?

의기양양 대궐로 들이닥친 유생들

조선사를 보면 성균관 유생들의 시위가 모두 96회나 있었다고 기록되어 있다. 그 내용을 보면 대개 조정의 부당한 처사, 훌륭한 유학자에 대한 문묘배향, 이단에 대한 배척 등이었다. 자신들이 배우고 있는 진리와 어긋나는 일이 있을 때, 또는 진리에 합당한 일이라고 생각되는 일이 생겼을 때 시위를 했다. 재미있는 것은 조정에서 이들 성균관 유생의 시위를 부추기지는 않았지만 그렇다고 군이 막지도 않았다는 사실이다. 유생들의 사기를 진작시키는 것이 국가의 원기를 기르는 일이라고 생각했기 때문이다. 그래서 성균관 유생들은 시위 모의를 할 때 1980년대의 대학생들처럼 몰래 숨어서 할 필요가 없었다.

시위할 일이 생기면 유생들은 삼삼오오 식당에 모였다. 일부러 식당에 모인 것이 아니라, 전원 기숙사 생활을 했기 때문에 식사 때가 되면 자연스럽게 식당에 모일 수밖에 없었다. 유생들에게는 '재회齋會'라고 하는 학생회와 같은 자치기구가 있었는데, 시위 건수가 생기면 식당에서 재회를 열어 안건을 논의했다. 상재생들이 논의를 주도했음은 물론이다. 안건이 과반수의 동의로 통과되면 행동으로 옮기게 된다. 시위에 반대한 사람들도 개인 행동은 용납되지 않았으며, 그럴 경우 재회에서 처벌을 받기도 했다.

처음부터 시위를 하는 것은 아니었다. 먼저 유생들은 그 안건에 대한 대표자(소두, 疏頭)를 뽑는데, 학생회인 재회의 대표자가 소두가 될 수도 있지만 사정은 그때그때 달랐다. 이 소두가 중심이 되어 문안을 작성하고 모든 유생들이 이에 서명을 했다. 이것이 유소儒疏이다.

지금 명륜동 자리에 있는 성균관과 대궐은 거리가 좀 있었다. 성균관 유생들은 먼저 길을 청소하게 하고 상가들을 철수시킨 다음 유소를 들고 궁궐로 향했는데, 그 행차가 제법 기세등등했다. 그리고는 대궐 앞에 열을 맞춰 앉아, 대궐에 통보하여 소장을 들이대고는 왕의 대답이 올 때까지 무한정 기다린다. 만약 대답이 늦어지면 그 자리에 간이식당까지 만들어 장기전에 대비한다. 대답이 돌아왔는데 마음에 들지 않으면 그 자리에서 대표자를 새로 뽑고는 다시 유소를 만들어 올렸다.

최후의 수단은 성균관을 텅 비우는 것

그래도 임금이 이들의 청을 거부하면 어떻게 했을까? 이제야말로 본격적인 시위를 벌였다. 먼저 수업을 거부하고, 식당에 들어가지 않는 단식투쟁(권당, 捲堂)을 했다. 집단 휴학을 하는 것이다. 이제 사태는 점점 심각해지는데 여전히 만족하지 못하면 마지막 단계로 기숙사에서 퇴거하고, 아예 집으로 돌아가버렸다(공관, 空館).

왕이 뭐가 아쉬울까 싶지만 성균관 유생들이 공관에까지 이른다는 것은 임금의 통치력에 커다란 결함이 있다는 것을 널리 알리는 셈이 된다. 세종 때 왕이 대궐 안에 불당을 세우자 성균관 유생들이 결국 공관까지 감행하고 집으로 돌아갔는데, 갖은 압력으로도 해결되지 않자 결국 나이 여든이 넘은 노정승 황희가 유생들의 집을 일일이 찾아가 설득하여 겨우 해결했다고 한다.

조선 시대에 공관과 권당은 모두 아흔여섯 차례나 벌어졌는데, 전기와 후기는 상당히 다른 양상을 보인다. 전기에는 유학으로 통치 이념을 굳건히 하여야 한다는 차원에서 국왕의 불교 숭상에 대해 의견을 내는 것이 제일 큰 이유가 되었다. 학생들 사이의 분열도 없었고 조정에서도 그들을 처벌보다는 수용, 설득의 관점에서 대했다. 그러나 후기에 이르면 고급 학교의 기능이 서원으로 많이 이관되고, 성균관 유생의 정원도 75명으로 줄어들며, 권력을 쥔 권신들이 유생들에게 영향을 끼쳐 학생들의 내부도 사분오열되었다. 성균관 유생들도 당쟁의 희생양이 되어버린 것이다. 그로 인해 조선 후기의 학생 시위는 명분이 뚜렷하지 않고 권력의 꽁무니를 쫓아다녀 민심과 여론의 호응을 얻지 못했다.

예나 지금이나 역시 학생 시위는 주장이 분명하고 근거가 사리에 맞아야 여론을 얻고 힘을 갖는다. 그렇지 않으면 조선 후기의 학생 시위처럼 정치적 혼란만 가중시킬 뿐이다.

우리나라 도장 1호는
단군신화 속에 나온다?

권위와 믿음, 품위의 상징

자기 도장을 갖는다는 것은 명실상부하게 성인이 되었음을 의미한다. 도장을 찍는 것은 당당한 계약의 주체로, 권리와 책임이 오로지 자신에게 있음을 확인하는 행위이다. 빨리 커서 부모의 간섭에서 벗어나고픈 고등학생 시절, 수업 시간에 선생님 몰래 고무 지우개에 도장을 파고는 했다. 또 멋진 사인을 만들기 위해 공책 위에 한자로, 영어로, 한글로 이리저리 변형시켜가며 무수한 연습을 하고는 했다.

우리나라에서 도장은 아주 오래전, 그러니까 신화에서부터 출현한다. 환인은 아들 환웅을 지상으로 내려보내면서 천부인天符印 세 개를 내주는데, 이것이 우리나라의 도장 1호다. 도장의 역사는 한민족 오천 년 역사와 함께 시작된 것이다. 그러나 본격적으로 계약서에 도장을 쓰기 시작한 것은 그보다 훨씬 후, 그러니까 천부인 이후 수천 년이 지난 20세기에 들어와서이다. 천부인에서 알 수 있듯이 도장은 정치에 있어서 권위와 믿음의 징표였다. 그래서 대대로 관리들은 국가 문서나 명령 절차를 밟는 데 도장을 사용했다. 이를 인장이라고 불렀는데 이는 곧 국가의 권위를 상징했다. 한편 개인이 사적으로 쓰는 도장은 그림이나 글씨에 낙관을 찍거나 자신의 것임을 보증하기 위한 것이었다. 사적인 것이라 해도 당시의 도장은 그 사람의 품위와 권위를 상징했기 때문에 하나의 예술품이었다.

결국 20세기 이전에는 계약서에 'OOO 인' 하고 도장을 찍은 흔적이 거의 없다. 그런데 재미있는 것은 조선의 양반댁 부인들만은 예외여서 계약서에 도장을 사용했다는 사실이다. 양반댁 부인들은 정해진 규격에 맞춰 도장을 사용했는데 이를 도서圖書라고 불렀다.

도장보다 사인이 먼저다

그렇다면 계약서에는 도장 대신 무엇으로 자신을 대표했을까? 양반이나 문자를 해독하는 양인들은 도장 대신 수결手決을 했다. 말하자면 사인sign을 한 것이다. 매매 계약을 체결하는 문서에는 연월일, 본문을 기재하고 나서 매도인, 증인 등이 이름을 적고 각자의 멋진 사인으로 마무리를 지었다. 이 사인은 개인마다 독특했는데 아마 그분들도 내 고등학교 시절처럼 숱한 연습 끝에 개발해냈을 것이다. 성이나 이름을 초서로 흘려쓰기도 하고, 글자체를 뒤바꾸기도 하고, 글자의 변만을 떼어 흘려쓰기도 했다. 때로는 일심一心이란 글자를 개성 있게 그려서 사인을 대신하기도 했다.

글자를 모르는 상민이나 천민은 수촌手寸이라는 서명법을 썼다. 오늘날의 지장과 비슷한 개념이지만 손가락에 인주를 묻혀 지문을 찍는 것이 아니라 손가락의 윤곽을 따라 그렸다. 남자는 왼손 가운뎃손가락을, 여자는 오른손 가운뎃손가락을 내고 그 외곽선을 본뜨는 것이다. 우리 조상들은 손가락의 크기와 모양을 그 사람을 대표할 수 있는 상징이라고 여겼던 것 같다. 아무튼 조상들은 양반댁 부인들을 제외하고는 계약서에 도장 대신 서명을 하는 방법을 썼다.

요즘에는 도장 무용론이 일고 있다. 위조가 너무 쉬워서 정교하게 위조되었을 경우 전문가조차 식별하기 어렵다는 것이다. 어떤 TV 프로그램에서 직접 실험해본 결과, 위조된 도장을 가지고 동사무소에서 인감증명서를 너끈히 발급받을 수 있었다고 한다. 그런데도 관공서를 가나 은행을 가나, 계약을 할 때도 너나없이 도장부터 요구하고 있다.

우리나라를 도장 문화권이라고 하지만 일상생활에서 도장이 보편적으로 사용된 것은 불과 백 년도 되지 않았다. 반면 우리 조상들은 자신만의 독특한 수결, 멋진 사인을 개발해 사용해왔다. 요즘 은행에서 도장 대신 사인을 받는 경우가 많아지고 있는데, 이는 우리 조상들의 좋은 전통을 되살리는 일이기도 하다.

사법 고시 뺨쳤던 과거 시험의
응시자는 몇 명?

생원, 진사만 되어도 여한이 없겠다

과거는 양반이 관직에 나아가기 위한 거의 유일한 길이었다. 또 법적으로는 과거를 볼 수 있었던 양민들에게 과거는 양반이 될 수 있는, 대대로 입신양명할 수 있는 절대적 기회였다. 물론 이들에게 공부를 할 수 있는 조건은 거의 주어지지 않았지만 말이다. 한국인들이 사법 고시와 같은 국가시험에 그토록 집착하는 것도 어쩌면 과거제도에서 그 뿌리를 찾을 수 있을지도 모른다.

신라 시대에도 독서삼품과라는 시험이 있었으나 과거가 처음 실시된 것은 고려 958년이다. 그러나 이때 과거에 몰려든 응시생이 얼마나 되었는지는 정확한 기록이 없다. 인구가 늘어난 조선 시대에는 응시생이 더 늘어났을 것으로 짐작되지만, 1차 시험격인 소과를 거쳐 본과 시험을 쳤기 때문에 본과 응시생의 수는 원칙적으로 제한되었다. 그런데 소과를 거치지 않고 한 번에 치르는 시험이 있었는데, 영조 때 기록에는 이 시험에 무려 1만 8천 명이 응시했나고 한다. 기록상으로는 이것이 최다이다.

식년시式年試는 유일한 정기 과거로 3년마다 한 번 있었다. 식년이란 십이간지 중에 쥐, 토끼, 말, 닭띠 해를 말한다. 그 전해에 소과 초시를 보고, 그해 2월에 소과 복시를 본다. 초시에는 한양에서 생원시, 진사시에 각 2백 명을 뽑는 등 전국에서 생원시, 진사시에 각각 7백 명씩 도합 1천 4백 명을 뽑았다. 여기에 성균관이나 지방 수령이 별도로 인재를 뽑아 소과 복시에 응시할 수 있도록 했으니, 성균관에서는 10명(나중에 12명으로 늘어남), 개성과 수원에서는 4명, 제주도에서 2명이 정원이었다. 이 밖에도 관료들이 별도로 시험을 봐서 초시를 거치지 않고 복시에 응시할 수 있도록 했는데 그 인원이 많지는 않았다. 아무튼 이렇게 해서 초시를 통과한 사람들이 식년 3월에 서울로 모여 시험을 치르는데, 규정대로 한다면 대략 1천 5백여 명 정도가 응시한다. 여기에서 생원 1백 명, 진사 1백 명을 뽑는다. 생원, 진사만 되어도 일단 양반으로서 행세하는 데는 별 지장이 없었다.

1차에서 2백 40명, 최종 합격은 33명

본과인 문과에는 본래 생원과 진사만이 응시할 수 있었다. 그렇다면 대략 2백 명만이 이 시험을 보게 된다. 그러나 우리가 옛날 이야기에서 보듯 생원, 진사가 아닌 유생들도 시험을 보러 왔다. 그것은 향교, 서당 같은 교육기관의 독자성을 인정해주었기 때문이다. 그래서 본과 응시생 수는 들쭉날쭉이었다. 하지만 이미 소과를 거친 사람들이 보게 되어 있는 시험인 만큼 웬만한 수준에 이르지 않고는 엄두도 내기 어려웠다.

문과도 두 단계로 나뉜다. 문과 초시는 한양과 각 지방에서 열었는데 총 총 2백 40명을 뽑았다. 성균관에 입사한 사람(진사, 생원) 가운데서 5명, 한성시를 봐서 40명, 그리고 인구에 따라 각 도에서 10~30명을 뽑았다. 이 2백 40명에게 문과 복시를 보게 해서 33명을 최종 합격자로 뽑았으니, 이들이 바로 과거에 급제한 사람들이다. 급제한 사람들도 등급을 나누었다. 갑과가 3명, 을과가 7명, 병과가 23명이다. 갑, 을, 병 3과는 점수에 따라 차등을 둔 것으로, 어느 과로 급제했는가는 곧 시험에서 몇 등이었는지를 알려준다. 옛 관리들의 경력을 보면 몇 년 무슨 시험에 무슨 과로 급제했다고 나오는데 이것이 곧 시험 성적인 셈이다. 그리고 갑, 을, 병의 각과 급제자는 관리가 될 때도 차별을 받았다. 장원급제란 갑과의 3명 중에서도 우수한 성적을 거둔 사람을 말한다. 이와 같이 정기 과거는 소과에서부터 본과에 이르기까지 복잡한 과정을 거쳤고, 각 지방에서 몇 명이 응시했는지 알 수 없기 때문에 전국적인 응시생 수를 알 길이 없다.

불법·비리의 온상이었던 특별 시험들

이 밖에 국가의 경사가 있을 때 치르던 중광 문과나 별시 문과도 있는데 정기 시험과 같은 방법으로 치러졌다. 반면 단판에 급락이 결정되는 시험이 있었다. 이들 시험은 기간도 짧고 단 한 번에 결판이 나기 때문에 운이 많이 따랐다. 그래서 특히 많은 사람이 몰리게 마련이었다.

외방 별시는 임금이 온천에 가거나 해서 지방에 나갔을 때 그곳에서 보는 시험이다. 자주 보는 시험은 아니어서 10년에 한 번 꼴로 보았고, 인원도 한 번에 3명 정도만 뽑았다. 그러나 이들은 과거에 급제한 것과는 달라서 급제자로 대우하는 경우도 있었지만 대개는 정기 과거의 본과인 문과 복시에 곧바로 응시할 수 있는 자격을 주는 정도였다.

외방 별시보다 인기가 있었던 것이 알성 문과다. 국왕이 문묘에 제례를 올린 다음 친히 시험을 치르는데 한 번의 시험으로 급락을 결정할 뿐만 아니라 고사 시간도 짧고, 과목도 한 과목이고, 또 당일 발표하기 위해

채점하기 쉬운 문제를 냈기 때문에 운이 많이 따랐다. 처음에는 성균관 유생들만 시험볼 수 있었기 때문에 인원이 많지 않았지만 나중에는 지방 유생들도 볼 수 있었다. 영조 때 1만 8천 명이 한꺼번에 몰린 시험이 바로 이 알성 문과다. 이미 숙종 때도 알성 문과에는 한 번에 1만여 명씩 응시했다고 한다. 이밖에도 국가의 경사나 중대사가 있을 때 보는 시험으로 정시 문과, 춘당대시 문과 등이 있었으며, 한 번의 시험만 보았기 때문에 응시자가 많이 몰렸다. 그렇다고 많은 이를 급제자로 뽑은 것은 아니어서 문, 무과를 합쳐 10명 정도였다.

정식 시험에는 상피제가 적용되었다. 시험 성적을 결정하는 시관이 자신과 친분이 있거나 친척들과 한 시험장에 들어가는 상황을 막기 위한 제도다. 그러나 알성 문과와 같은 단일 시험에서는 그것이 적용되지 않았다. 더구나 한 번 시험에 1만 명 이상 응시하기 때문에 시관들이 답안을 충분히 검토할 시간도 없었다. 그래서 이런 시험에서는 갖가지 불법 행위들이 난무하기 일쑤였고, 많은 뜻있는 학자들로 하여금 과거를 외면하게 만든 계기가 되었다.

5
정1품 정승들의 잇따른 자살, 그 내막은?

정
치

정1품 정승들의 잇따른 자살, 그 내막은?

무엇이 그들을 죽음에 이르게 했나?

1761년 초 현직 좌의정과 우의정, 전직 영의정 등 정1품 정승 세 명이 차례로 음독 자살하는 초유의 사건이 일어났다. 자살한 사람들의 명단은 아래와 같다.

영중추부사 이천보(1698~1761년)

마흔둘의 늦은 나이로 알성 문과에 급제, 1752년에 우의정에 오르고 1754년에 영의정이 되었다. 영의정으로서 영조에게 사도세자의 일을 적극 변명하다 잠시 해직당한 적도 있었다. 1759년 영의정에서 물러나 국가 원로 1인에게 주는 정1품 명목 관직인 영중추부사로 있었다. 영의정으로 재직할 때도 병이 많고 또한 반대파의 탄핵이 있어 늘 물러날 것을 청했지만 세자가 그를 아껴 물러나지 못하도록 했고 영중추부사로 있을 때도 세자가 늘 궁궐에 들도록 했다. 세자의 일로 영조의 인책이 있자 1761년 1월 5일 음독 자살했다.

좌의정 이후(1694~1761년)

1750년 쉰여섯의 나이에 식년 문과에 을과로 급제했다. 이조판서를 지내면서 약방도제조를 겸임했는데, 세자의 질환 치료에 정성을 다했다. 1760년 좌의정이 되었고 세자의 스승으로 임명되었다. 1761년 좌의정으로 있으면서 세자의 일로 인책을 당하자 3월 4일 음독 자살했다.

우의정 민백상(1711~1761년)

1740년 증광 문과에 급제하고 대사성, 대사간을 역임하고 1760년 우의정이 되었다. 세자의 장인인 홍봉한과 친했으며 영조의 장인인 김한구 등의 척신을 미워했다. 그의 아버지 민형수는 관찰사였는데 전대 임금인 경종 때 노론이 일으킨 신임사화에 화를 입었다. 세자 역시 신임사화를 비판하며 당시의 노론에 반감을 가지고 있었기에 세자와의 유대가 깊었다. 역시 세자의 일로 인책이 있자 1761년 2월 5일 음독 자살했다.

결국 한 달씩의 간격을 두고 전직 영의정, 현직 우의정, 현직 좌의정이 차례로 음독 자살한 것이다. 전례 없는 일이 아닐 수 없다. 왜 이런 일이 벌어졌을까?

비정한 권력 투쟁의 이면

이 세 사람의 죽음은 표면적으로는 영조와 세자 사이의 알력에서 비롯되었다. 사도세자(1735~1762년)는 1749년부터 영조를 대신해 국사의 상당 부분을 처리하고 있었는데, 세자와 사이가 좋지 않았던 영조의 척신들은 자신들의 미래가 불확실한 것을 두려워했다. 그래서 끊임없이 세자의 실수나 실책을 영조에게 고하거나 억울한 누명을 씌우는 등 영조와 세자를 이간질했다. 성격이 급했던 영조가 여러 차례 사도세자를 심하게 꾸짖으니 사도세자는 일종의 정신병을 얻게 되었다. 죽은 세 사람은 이런 가운데서도 세자를 옹호해 적극 변명한 사람들이었다. 그러다가 세자에 대한 영조의 불신이 극에 달하고 세자를 옹호하던 대신들에 대한 인책이 심해지자 결국 죽음을 택하게 된 것이다. 표면적으로는 '고래 싸움에 새우 등 터지듯' 왕과 세자 사이 알력의 희생자이지만 내면으로 들어가면 더 심각한 문제가 있었다. 바로 권신들 간의 치열한 권력 투쟁이었다.

탕평책의 그림자

모두 알다시피 영조는 당파 싸움에 넌더리를 낸 나머지 탕평책을 썼다. 당시 집권 당파는 노론과 소론이었는데, 영조는 자신의 의지에 찬성하는 사람들을 주요 직책에 임명하면서 영의정에 노론을 임명하면 좌의정에는 소론을 임명하는 식으로 권력의 균형을 꾀했다.

그 와중에 영조는 한 가지 결정적인 실수를 했다. 그것은 개혁 초기에 자신의 탕평 의지를 뒷받침하기 위해 노론의 힘을 빌리면서 혼인 관계 등을 통해 척신(戚臣, 외척 관계에 있는 신하)을 만든 것이다.

사도세자가 영조 대신 정무를 볼 즈음에는 이들 척신이 이미 당파를 형성하고 있었고(남당, 南黨), 사도세자가 이들과 사이가 안 좋았으므로 정국이 태풍권으로 진입했던 것이다. 이 척신과 남당 일파의 면면은 다음과 같다.

김한구(?~1769년)

영조의 장인. 1759년 그의 딸이 영조의 계비 정순왕후가 되면서 오흥부원군으로 임명되었고 그해에 금위대 대장이 되었다. 아들 구주와 함께 당파 싸움에 적극 가담했다.

김구주(1740~1786년)

김한로의 아들로 영조의 계비 정순왕후의 오빠. 누이가 왕비가 되자 척신으로서 활동했는데, 사도세자를 모함하는 공작에 적극 관여했다. 관직에 나온 것은 1763년이지만 관직에 나오기 전에도 김상로 등과 결탁했다. 나중에 관직에 나와서는 남당의 영수급 인물이 되었다.

김한록(생몰년 미상)

김한구의 종제. 벼슬은 세자익위사세마에 그쳤지만 김구주와 함께 노론 벽파인 김상로, 홍계희, 신만 등을 조종해서 사도세자와 관련된 일들을 조작했다.

김상로(1702년~?)

1734년 급제. 영조가 당파를 안배하는 데 따라 이천보가 영의정일 때 좌의정으로 있었고 이천부가 물러난 1759년에 영의정이 되었다(이때 이후가 좌의정이 됨). 사도세자의 모함에 간여했고, 처벌에 적극 찬동했다. 나중에 영조가 사도세자를 죽인 일을 후회하게 되면서 귀양을 갔다.

홍계희(1703~1771년)

경기도 관찰사로 있으며 세자의 미행을 영조에게 알린 사람이다. 영조 치세 초기의 권신 조현명에 붙어 출세했으나 조현명과 불화가 생기자 김상로 일파에게 붙어 김한록 등과 내통했다.

남매 사이도 갈라 놓은 권력의 단맛

1749년 사도세자가 정무를 관장하게 된 후 이들 척신들은 기회만 있으면 세자를 무고했는데, 이는 1750년대 말이 되면서 극에 달했다. 그들은 왕의 귀에 좀 더 가까이 가기 위해 영조가 총애하는 딸 화완옹주와 후궁 문소의까지 이용했다.

여기서 특이한 인물은 화완옹주이다. 그녀는 영조의 열두 딸 중 아홉째 딸이다. 그녀는 영조의 사랑을 한몸에 받은 영빈 이씨의 막내딸이었기 때문에 특별히 영조의 총애를 받았다. 영빈 이씨는 딸을 넷이나 낳고 아들을 낳았는데 그가 바로 사도세자로, 그로 인해 왕의 사랑을 더욱 받는 중에 막내딸 화완옹주를 낳았다. 영조가 화완옹주를 얼마나 총애했는지는 화완옹주가 시집간 지 8년 만에(1757년) 남편을 잃자 대신들의 반대를 무릅쓰고 옹주의 거처로 몸소 가서 위로했던 데서 짐작할 수 있다. 사위의 죽음에 임금이 궁을 나서서 위로한 것은 조선조에서 처음이자 마지막 일이었다.

그런데 이 화완옹주는 일찍부터 권력의 맛을 알았다. 영조가 그녀를 사랑하자 권신들은 그녀에게 몰려들어 임금에게 청할 것을 그녀에게 대신하게끔 했고, 그러면서 화완옹주는 권력에 꿀맛을 들인 것이다. 『조선왕조실록』에서는 그녀를 평하여 '왕의 총애를 믿고 교만방자했다'고 기록했다. 20대 초반에 남편을 잃은 뒤에는 더욱 심해졌다. 그녀는 척신들과 가까이하며 권력을 탐했는데, 그로 인해 척신들을 탐탁지 않게 여겼던 오빠 사도세자와 사이가 벌어졌다. 사도세자가 영조에게 결정적으로 미움을 받게 되는 평양행(1761년 4월 사도세자가 영조 몰래 20여 일 동안 평양에서 놀다온 사건)도 사실은 화완옹주가 사도세자를 위하는 척하면서 놀러가게 한 다음 스스로 임금에게 그 사실을 일러바쳤던 것이나. 어떻게 보면 영조의 눈이 멀었던 것이 아닐까 싶기도 하다.

아무튼 권력에 눈이 어두운 척신들과 화완옹주 등의 모함으로 사도세자는 영조의 극단적인 미움을 받게 되었다. 정조 즉위 이후에 미화된 측면도 있었겠지만 사도세자는 원래 무척 총명하여 세 살에 『효경』을 외우고, 일곱 살에 『동몽선습』을 뗄 정도였다고 한다. 그는 이미 열 살 때 노론 척신들을 비판할 정도로 정치적 안목도 가지고 있었다. 그러나 그 총명이 화근이었다. 아무리 총명하다 해도 수십 년 권력 싸움에 이골이 난노회한 척신들의 상대가 될 수 없었다. 결국 사도세자를 옹호했던 세 정승의 자살은 이듬해 사도세자의 죽음(1762년)을 예고하는 전초였다고 할수 있다.

권력은 10년을 가기 어려운데

척신들은 1762년 5월, 나경언이라는 청지기를 시켜 세자가 반역을 꾀한다는 밀고를 하게 하고, 크게 노한 영조는 다음 달(윤5월) 세자를 뒤주 속에 가둬 죽였다. 그러나 영조는 곧 이를 후회했다. 아무리 정치판이라지만 자신의 손으로 자식을 죽이고 속이 좋을 리 있겠는가. 이에 따라 세자의 장인이었던 홍봉한이 세손을 보호한다는 명목으로 득세하고, 세자를 올가미에 몰아넣었던 척신들은 몰락하고 만다. 그러나 이것은 새로운 척신이 과거의 척신을 물리친 것일 뿐, 영조가 그토록 원했던 탕평과는 거리가 멀었다.

화완옹주는 어떻게 되었을까? 그녀는 사도세자의 죽음에 아무런 후회나 감동도 없었던 것 같다. 1764년, 여자의 몸으로 정치판에 뛰어드는 것에 한계를 느꼈는지 스물여덟 살이었던 그녀는 정후겸이라는 어부의 열여섯 살 난 아들을 양자로 들인다(요절한 남편과의 사이에는 자식이 없었다). 불과 열두 살 차이밖에 안되는 모자는 영조의 총애를 발판으로 권신들과 결탁해 권력을 휘두르며 좋은 시절을 보낸다. 그러나 정조가 즉위(1776년)하면서 좋았던 시절도 끝나게 된다. 모자는 정조가 즉위하면 자신들이 찬밥 신세가 될 것이 두려워 온갖 훼방을 놓지만 끝내 성공하지 못했다. 정조 즉위년에 화완옹주는 폐서인이 되어 유배를 가고, 정후겸은 왕이 내린 사약을 마시게 되었다.

권력이 있는 곳에 피가 있고 예기치 않은 죽음이 있는 것은 정말 어쩔 수 없는 일일까? 정1품 재상이었던 세 명이 동시에 자살한 전무후무한 사건의 배후에는 이처럼 치열한 권력 싸움이 있었다.

민심이 흉흉할 때마다
어김없이 등장하는 대자보, 괘서

조선 시대의 민중 언론

1980년대에 대학가를 가본 사람은 건물 벽, 게시판, 심지어 길바닥까지 덕지덕지 붙은 대자보를 본 적이 있을 것이다. 모든 신문과 방송이 사전 검열을 통해 정권의 통제를 받던 시절, 대자보는 독재 정권의 부당함을 폭로하고 민주화 운동을 알리는 거의 유일한 대중 언론이었다.

대자보는 1960년대 말 중국에서 문화혁명을 주도하던 사람들이 홍위병을 통해 종이에다 큰 글자로 4대 원로의 잘못을 고발하게끔 한 데서 유래되었다. 신문, 잡지, 방송 등의 매체는 어떻든 표현 주체가 드러나기 마련이지만 대자보는 익명성을 전제로 하기 때문에 대단히 효과적이고 비밀스러운 대중 선동 방법이었다. 누구든 써붙일 수 있고, 일단 대자보가 붙으면 소문은 불길처럼 번져나가 사실 여부에 상관없이 여론을 형성할 수 있었다. 그것이 한국에 들어와 군사정권에 의해 언로가 막힌 사람들의 마지막 수단으로 활용되었던 것이다.

그런데 이 대자보와 비슷한 민중 언론이 조선 시대에도 있었다. 이른

바 괘서掛書라고 부르는 것인데, 민심이 흉흉할 때는 어김없이 등장했다. 발표자의 이름을 숨긴다는 점, 억울함을 호소하거나 포악한 관원을 비난하는 내용이라는 점, 관리들이나 포졸들에 의해 발견 즉시 떼어졌다는 점 등은 1980년대의 대자보와 거의 유사하다. 그러나 괘서에는 누명을 씌우는 무고가 많았고, 권력투쟁을 위해 악용되는 경우도 잦았다.

조선 전기의 대표적 괘서 사건은 1547년(명종 2년)에 일어난 양재역 괘서 사건이다. 부제학 정언각鄭彦慤이 선전관 이노와 함께 자신의 딸을 시집보내느라 남쪽으로 갔다가 전라도 양재역에서 붉은 글씨로 붙어 있는 괘서를 보고 가져와 임금에게 바쳤는데, 그 내용은 이렇다.

"여주女主가 위에서 정권을 잡고 간신 이기 등이 아래에서 권세를 농간하고 있으니 나라가 장차 망할 것을 서서 기다릴 수 있게 되었다. 어찌 한심하지 않은가. 중추월 그믐날."

여기서 여주는 명종의 어머니 문정왕후 윤씨를 가리킨 것이다. 제1계비 장경왕후 윤씨가 첫 아들 인종을 낳고, 제2계비 문정왕후 윤씨가 둘째 아들 명종을 낳았는데, 중종이 죽은 후 인종이 즉위하지만 병약해 즉위 여덟 달만에 죽는다. 그 뒤를 이어 명종이 즉위하지만 불과 열두 살의 어린 나이였다. 덕분에 명종의 어머니 문정왕후 윤씨가 정치를 좌지우지했다. 문정왕후는 동생 윤원형과 함께 국정을 잡고는 1545년 을사사화를 일으켜 반대파들을 숙청했다. 괘서에서 언급한 이기라는 자는 윤원형과 손잡고 을사사화를 일으킨 주범이다. 이 괘서는 당시의 이런 상황을 고발한 것이다.

그러나 윤원형 일파는 이것을 오히려 기회로 이용했다. 이런 괘서가 나도는 것은 아직도 불측한 생각을 갖고 있는 사람이 있기 때문이라며, 을사사화 때 미처 쫓아내거나 죽이지 못한 반대파를 모조리 숙청해버린 것이다(정미사화). 당시 사람들은 윤원형과 이기를 이흉이라 했고, 괘서를 가져온 정언각과 정순붕, 임백령 등을 합쳐 삼간이라고 불렀다.

이처럼 양재역 괘서 사건은 오히려 정치적으로 악용되었다. 그러나 몇 년 후 대도 임꺽정 사건이 일어나고 민심이 흉흉해지면서 정국은 혼란에 빠져들게 되었다.

민심을 대변했던 한글 괘서

괘서는 주로 한문으로 쓰여 있었지만 한글로 쓰인 괘서도 차츰 많아졌다. 한글 괘서는 1449년에 처음 나타났다. 1445년에 한글로 기록된 최초의 문학작품인 「용비어천가」가 완성되고, 『훈민정음』을 펴낸 것이 1446년이니 채 3년도 안되어 '백성을 가르치는 바른 소리'라는 훈민정음의 뜻이 금방 퍼졌다는 것을 알 수 있다. 한글 괘서는 주로 백성의 고혈을 짜내는 수령들을 고발하는 데 이용되었고, 간혹 신분을 숨기기 위해 양반들이 일부러 한글을 사용하는 경우도 있었다.

괘서는 조선 중기 이후 더 자주 나타난다. 그만큼 국정이 혼란했다는 증거일 것이다. 조선 정부는 법으로 괘서를 엄격히 금지했다. 괘서를 쓴 자는 발각되면 목 졸라 죽이는 교형에 처했고, 괘서를 본 사람은 즉시 소각해야 했다. 소각하지 않고 관가에 내놓으면 곤장 80대를 맞았고, 또 관리가 이를 수리하면 곤장 1백 대를 맞았다. 괘서 사건이 날로 빈번해지자 영조는 괘서를 쓴 범인을 잡으면 2품 벼슬과 천금을 내리겠다고 고시하기도 했다. 그러나 괘서는 사라지지 않고 한말까지 계속되면서 한편으로는 민중 언론의 역할을 했고, 한편으로는 정치적 음모의 소재로 활용되었던 것이다.

억울함을 구제하는 국가 공식 제도로 신문고 등의 방편이 없는 것은 아니었지만 제대로 시행되지 못했을 뿐만 아니라 언론 활동이라고 보기도 어려웠다. 괘서는 민중 언론이 없던 조선 시대의 유일한 민중 언론이었다.

정말로
'삼족'을 멸했을까?

연좌제와 '삼족'

모반이나 대역을 꿈꾸다 들키면 삼족을 멸하는 엄한 처벌을 받았다. 죄를 지은 당사자뿐만 아니라 친족에게까지 죄를 물어 연좌(緣坐, 사건에 연루되어 있음을 뜻하는 連坐와는 다름)하는 것은 우리나라 옛 형벌 제도의 특징 가운데 하나다. 그렇다면 삼족은 어디까지를 말하는 것일까?

태종은 왕권 강화에 강한 집착을 갖고 있었다. 특히 외척이 왕비와의 관계를 빌미로 권력을 행사하는 것을 경계했다. 그 바람에 왕비 민씨의 네 동생이 차례로 죄 없이 죽임을 당했다. 태종 9년에 먼저 위의 두 형제인 민무구, 무질 형제가 죄를 받게 되었는데, 이때 이들 형제를 옹호했던 우의정 이무, 이빈, 윤목, 조희민, 강사덕, 유기 등도 함께 처벌받았다.

모반죄라면 참형을 당하고 연좌하여 삼족이 벌을 받는 중죄에 해당한다. 이무가 먼저 잡히고, 이빈 등 다섯 명은 귀양 보내졌다(10월 2일). 10월 5일에 이무는 목이 잘려 죽고, 이듬해 1월 10일에는 각기 다른 지방으로 귀양을 가 있던 나머지 다섯 명도 참형을 당했다. 이어 죄의 씨를 없앤다는 명분으로 대신들이 그들의 아들들을 처형하자고 주장하나 태종은 들어주지 않고 대신 귀양을 보낸다. 이때 귀양 간 사람들은 이무 등 여섯 죄인의 아버지, 아들, 형제와 큰아버지, 작은아버지, 조카 등이었다. 또 죄인의 처와 어머니와 자매 등은 노비로 삼았다(태종 10년 2월 7일). 반면 출가한 딸의 남편, 즉 사위는 형을 면제받았다.

이를 통해서 보면 삼족이란 죄인을 기준으로 아버지의 형제자매, 나의 형제자매, 아들의 형제자매를 뜻하는 것이다. 이를 성이 같은 부계 혈연의 삼족이라 하여 동성삼족이라고 했다. 그 뒤에도 여러 번 삼족을 처벌한 이야기가 나오는데 대체로 동성삼족이다. 동성삼족이 처벌당하는 것만 해도 당시로는 아주 엄중한 처벌이었다.

삼족에는 또 이성삼족이 있다. 성이 다른 삼족, 즉 피가 섞이진 않았지만 혼인 등을 통해 관계를 맺은 삼족을 말하는데 동성삼족에 해당하는 친족, 모계인 어머니의 친족, 처계인 아내의 친족이 여기에 포함되었다. 이성삼족이 함께 처벌받은 경우는 찾아보기 어렵다.

정말로 '삼족'을 멸했을까?

연좌제緣坐制는 중국 진나라 문공 20년에 삼족에게 연좌형을 채택한 것이 처음이고 한나라 때 본격적으로 시행되었다. 이때의 삼족은 부모, 처자, 형제를 뜻하는 것이었다. 우리나라에서도 일찍부터 연좌제를 시행했다. 삼국은 5세기까지 반역죄의 경우 가족과 처자를 연좌시켰다. 통일신라나 고려 시대의 경우에는 삼족의 범위를 좀 더 넓혀 형제자매까지 포함시켰다.

조선 시대에는 처벌의 범위와 기준을 명나라의 법률에 따라 법으로 규정히고 있다. 역모를 꾸미거니 반란을 꿈꾸다 잡힌 자의 경우 죄인은 능

지처참, 아버지와 16세 이상의 아들은 교살형, 16세 이하의 아들과 어머니, 처첩, 조손, 형제자매 및 아들의 처첩은 공신가의 종으로 삼는다. 모든 재산은 몰수하며, 백숙부와 조카는 3천리 이상의 먼 곳으로 유배보냈다. 다만 남자로 80세 이상인 자와 중병에 걸린 자, 여자로서 60세 이상인 자, 정혼한 남녀, 자손으로서 양자로 출계한 자는 연좌제의 책임을 면했다. 이 법에 따르면 죄인 아들의 약혼녀, 그 딸의 약혼남은 아직 그 가문의 사람이 아닌 것으로 봐서 용서해주었다. 이밖에 잔인한 살인범에 대해서도 연좌를 시행했는데 처자와 동거하는 가족 모두를 곤장 100대를 치고 유배를 보냈다.

그러나 이 법은 왕의 성품이나 사안에 따라 다르게 적용되었다. 민무구, 무질 형제의 사건에서도 유기의 아우 유한은 처음에 종의 신분이 되었지만 충성심이 가상하다 하여 임금이 특별히 사면을 내렸고, 세종 때 벼슬이 참판까지 올랐다. 역적의 아우라고 죄주기를 청하는 대신들이 있었지만 세종은 끝내 들어주지 않았다. 사실 조선 시대에 실제로 삼족을 멸한 사건은 거의 없었다.

서당 훈장님,
비밀리에 역모를 꾀하다

서당 훈장 노릇은 누가 하나

권력에서 밀려난 지식인은 위험하다. 아예 권력에 욕심을 부리지 않았다면 모르되 권력을 얻으려다 밀려나면 역모를 꾸미기 때문이다. 역모를 꾸미는 데 장소가 따로 있을 수 없지만 조선 후기에 이르면 역모 사건이 일어날 때마다 서당이 자주 들먹거려진다. 그렇다면 서당이 역모의 중심지였을까?

서당은 학동과 학동 중 선배급에서 임명되는 접장, 그리고 훈장으로 이뤄진다. 학동이나 접장은 그 마을 사람들의 아이들이므로 위험할 것도 없다. 문제는 훈장이다. 18세기에 들어서면서 훈장 중에 유랑 지식인이 많았다. 훈장이라고 해봐야 대우는 먹을 양식, 땔감, 의복 정도였으니 인기 있는 직업은 아니었다.

학문 높은 선비나 부유한 양반이 훈장 노릇을 할 리 없으니, 문자깨나한다는 촌로들, 그리고 별다른 연명 방법이 없었던 가난한 유랑 지식인들이 훈장을 맡게 되었다. 그런데 이 유랑 지식인들 중에는 조정에 대해

〈서당〉, 김홍도, 국립중앙박물관
훈장에게 혼이 난 아이가 훌쩍이고 있
다. 어째서인지 조선 후기에 이르면 역
모 사건이 일어날 때마다 서당이 자주
들먹거려진다. 서당이 역모의 중심지였
던 것일까?

불만을 품고 있는 사람들이 많았다. 춘천에서 훈장으로 있던 유봉성도
그런 사람 가운데 하나였다.

훈장이 역적이 되고, 부사가 현감이 되고

1755년 6월 1일, 춘천부사(종3품)가 하루아침에 춘천현감(종6품)으로 곤
두박질치는 사건이 벌어진다. 졸지에 여섯 계단이나 떨어진 것인데 수령
뿐만 아니라 춘천부도 춘천현이 되어버렸다. 춘천부 출신 유봉성이라는
사람이 역모에 가담한 것이 드러났기 때문이다. 조선 시대에는 특정 지
역 출신이 역모에 가담해 처벌되거나 그 고을에서 흉악한 일이 벌어지면
고을의 지위도 떨어뜨리곤 했다.

유봉성은 서당 훈장이었다. 그는 생계가 어려워 훈장 일을 했는데(춘천
부 팔처서당) 학동들의 교육비를 모은다는 취지로 마을 사람들의 동의를

얻어 서당계를 조직했다. 서당계란 서당을 짓고 훈장을 모시고 교육을 위한 책을 사는 등에 필요한 경비를 충당하기 위한 모임이었다. 그런데 처음에는 고을 양반들이나 촌민들의 계였지만 유봉성이 역모의 모의에 가담하면서부터 서당을 새로 짓는다는 명분을 내세워 뜻을 같이하는 사람들만 계원으로 받아들였다. 심정연, 강몽협, 몽상 형제와 같은 몰락 양반들이었다. 이들은 몰락한 소론 출신들인데 당시의 집권 세력인 노론에 대한 원한을 품고 있었다.

유봉성의 계획은 제법 거창했다. 첫째, 지방의 유랑민, 굶주린 백성들, 승려 등 불만 세력을 광범위하게 결집한다. 이들에게는 불교의 미륵 신앙과 유교적 이상 사회론을 결합, 선동한다. 둘째, 규합된 세력의 힘을 빌어 춘천 관아를 습격하고 무기를 탈취하여 서울로 진격한다. 그러나 유봉성은 거사하기도 전에 잡혀 처형당하고 그의 아들은 종으로 팔려가고 만다. 역모의 주역이었던 심정연이 먼저 잡혔기 때문이다.

1755년 5월 2일, 영조는 나주 벽서 사건이라는 일을 처리한 후 그를 축하하는 뜻으로 과거 시험을 개최했다. 이때 심정연이 참여했는데 당시의 정치를 비판하고 노론 대신들의 잘못을 적은 글을 미리 만들어가지고 시험에 참여하여 이름을 밝히지 않은 채 이를 제출했다. 그리고 꾀를 써서 자신의 이름을 밝힌 또 다른 글도 써서 냈다. 그러나 그가 소론으로 처벌당한 심성연, 심익연의 동생이라는 것이 밝혀지면서 체포되고 말았다. 심정연은 5월 4일 처형되었고, 유봉성도 5월 22일에 처형되는 등 역모를 꾀한 소론 일파가 일망타진되었다.

이처럼 18세기에는 권력에서 밀려난 양반들이 집권 세력에 대한 원한과 왕조에 대한 변혁 의지를 불태우고는 했다. 그러나 당장의 생계도 급했고, 또 언젠가 서섬노 필요했기 때문에 유랑 지식인들을 맞아주던 서당의 훈장으로 일하는 경우가 많아졌던 것이다.

　김홍도의 유명한 서당 그림이 있다. 풍채 우람한 훈장이 한심하다는, 어찌 보면 안쓰럽다는 표정으로 울고 있는 아이를 보고 있다. 김홍도의 그림 속에서 훈장은 울고 있는 아이를 애처롭게 바라보지만, 그림 속 훈장의 표정은 사실 아이들과 티격태격하고 있는 자신의 신세를 한탄하고 있는 것인지도 모른다.

그들이 이조전랑 자리에
목숨을 건 이유는?

조선 시대 꿈의 일자리는?

조선에서 경쟁이 가장 치열했던 벼슬자리는 어느 것이었을까? 우선 떠올릴 수 있는 것은 부를 쌓을 수 있는 자리다. 우리 속담에 '평양감사도 제 싫으면 그만이다'라는 말이 있는데, 이는 평양감사가 그만큼 인기 있는 자리였다는 얘기다.

조선 시대에는 대대로 북쪽 출신들을 관리에 잘 임명하지 않았다. 홍경래가 난을 일으킨 것도 그에 대한 불만 때문이었다. 대신 장사에 열중해 부자가 많았다. 평양감사 자리는 그 부에 다가갈 수 있는 자리였다. 그러나 한가지 흠이 있었으니, 바로 외직이라는 점이었다. 예나 지금이나 최고 권력에 가까이 있는 것이 장래를 위해 좋다. 평양감사 자리는 돈 벌기는 좋지만 평생 외직으로 떠돌다 말 수도 있는 자리였다.

그러면 영의정이었을까? 물론 모든 관리들이 염원하는 자리이다. 일인지하 만인지상의 자리가 아니던가. 그러나 항상 영의정이 최고의 실권을 가진 것은 아니었다. 낭을 설정해 진세와 균형을 이루던 조선의 관리들에게 영의정 자리는 영예는 될지언정 그다지 실권을 행사하는 자리는 아니었다. 어차피 최고 권력은 왕에게 있지 않은가! 그보다는 어느 당이 현재 실권을 쥐고 있는가가 권력 행사에 더 중요했다. 좌의정이나 우의정, 혹은 판서나 그 이하 직책에 있다 해도 당권을 쥐고 있으면 그만일 뿐, 영의정은 그저 우대해주는 자리 정도로 전락할 수밖에 없었다.

그들이 이조전랑 자리에 목숨을 건 이유

그렇다면 자리다툼이 일어난 전례가 많은 자리가 모두 탐내던 자리 아닐까? 붕당의 지도자들이 저 자리만큼은 꼭 우리 사람을 앉혀야겠다고 치열하게 싸운 자리가 하나 있었다. 바로 이조전랑이다. 원래 전랑은 정5품 정랑과 정6품 좌랑을 합쳐 부른 이름이다. 『경국대전』에 보면 정랑과 좌랑의 인원은 각 세 명씩이었다.

우리는 조선의 당파를 흔히 사색 당파라고 한다. 동인, 서인, 노론, 소론이 그것이다. 그러나 역사를 더 자세히 들여다보면 이보다 훨씬 많은 당파가 있었다. 남인, 북인, 산당, 남당, 북당, 시파, 벽파 등등. 이 정도만 해도 대표적인 당파에 속하고, 그보다 훨씬 더 많은 군소 당파들이 생겼다가 사라지곤 했다. 그런데 이 모든 당파의 시조는 동인과 서인이다. 그리고 동인과 서인의 동서 분당이 최초로 일어난 계기가 바로 이조전랑을 둘러싼 자리다툼이었다.

1574년, 장원급제로 문명이 높던 김효원이 이조전랑에 천거되었다. 그때 명종의 비인 인순왕후의 동생이면서 사람들에게 명망이 높던 심의겸(당시 대사헌, 언관인 사헌부의 최고위직)은 김효원이 권세에 아부한 선비라며 반대했다. 그러나 김효원에게는 그를 지원하는 세력이 있었다. 바로 대유학자 이황의 철학적 입장을 계승한 영남학파 출신들이었다. 심의겸의 반대에도 불구하고 김효원은 1574년 7월에 이조 좌랑, 다음 달에 이조 정랑에 취임했다. 여기까지가 불씨에 해당한다.

이듬해 1월 김효원이 이조정랑을 그만두자, 이번에는 심의겸의 동생 충겸이 이조정랑에 천거되었다. 싸움은 이때부터였다. 김효원은 심충겸이 왕의 외척이므로 인사권을 쥐는 이조정랑 자리에 적합하지 않다며 적극 반대하고 나섰다. 결국 심충겸은 임명되지 못했다. 이때부터 김효원과 심의겸을 중심으로 파당이 형성되는데 김효원은 앞서 언급했듯이 이황의 철학을 잇는 영남학파 출신의 중심이 되었고, 심의겸은 율곡 이이의 철학을 잇는 기호학파 출신의 중심이 되었다.

당시 부제학으로 있던 이이는 두 사람의 싸움이 파당으로 연결되는 것을 걱정하여 심의겸을 개성유수로, 김효원은 부령부사의 외직으로 내보내 싸움을 진정시키려 했다. 그러나 두 당파를 중재하던 이이가 1584년 세상을 떠나면서 붕당의 정쟁은 돌아올 수 없는 강을 건너고 만다. 이때 심의겸의 집이 서쪽에 있다 하여 서인, 김효원의 집이 동쪽에 있다 하여 동인이라는 이름이 붙게 된다.

이조전랑, 특히 정랑의 자리가 무엇이길래 이토록 치열한 자리다툼이 벌어졌을까? 전랑은 인사이동을 담당하는 자리였다. 무관의 인사이동은 병조전랑이, 문관의 인사이동은 이조전랑이 맡았다. 즉 인사권을 갖고 있었던 것으로, 전랑 중에 정랑이 상위직이었으므로 특히 막강한 권한을 가졌다. 또 무관보다 문관이 중시되던 때이므로 병조정랑보다는 이조정랑의 권한이 더욱 강했다.

이조전랑은 각 부서의 당하관(정3품 당하관) 이하의 관리들을 추천하고 홍문관, 사헌부, 사간원의 요직을 선발했으며, 재야 인재를 추천할 수 있었다. 또한 후임 전랑을 추천할 수 있는 특권이 부여되었고 중죄가 아니면 탄핵받지 않았다. 어느 당파의 인물이 전랑직에 있느냐에 따라 권력의 향배가 결정될 정도였다. 그래서 조선 시대에 재상에 이른 자 중에 이 자리를 거치지 않은 사람이 거의 없을 정도로 승진이 보장되는 요직이었다.

신권 독점을 막는 브레이크였으나

불과 정5품(정랑), 정6품(좌랑)에 불과한 이조전랑에게 왜 이토록 막강한 권한이 주어졌을까? 그것은 왕권에 대립되는 신권이 정승들이나 판서들에게 독점되는 것을 막기 위해서였다. 높은 관직에 있는 사람이 인사권마저 쥐게 되면 왕으로서도 그 권력을 견제하기 어려웠기 때문에 중급 관직에 인사권을 주고, 임금이 명망있고 청렴한 젊은 관리를 그 자리에 임명함으로써 신권을 통제하려 했던 것이다. 그래서 정승이든 판서든 자신이 총애하는 사람을 어떤 관직에 앉히려면 이조전랑에게 잘 보일 수밖에 없었으니, 정승들도 길에서 전랑을 만나면 말에서 내려 인사했다고 한다.

비록 당파 싸움의 계기를 제공했다고는 하지만 이조전랑 제도는 정승 판서의 권한을 효과적으로 제한함으로써 신권의 균형을 이루는 역할을 했다. 그러나 조선 후기에 오면서 당파 싸움이 단순한 정쟁이 아니라 음모와 술수가 난무하는 추악한 권력 다툼으로 변질되었고 전랑 자리가 그 다툼의 대상이 되자 숙종은 후임 전랑에 대한 추천권을 폐지했다(1685년). 또 영조는 홍문관 등 3사청 요직의 선발권을 제한(1741년)하는 등 전랑의 권한을 약화시키게 된다.

그러나 제도는 역시 어떻게 운용하는가에 달린 것 같다. 전랑의 권한이 약화되자 임금이 정승 판서의 권한을 막을 수단이 없어졌다. 영조와 정조가 탕평책을 쓰면서 당쟁을 무마하고 왕권을 강화했던 것도 잠시, 순조 대 이후에는 신권의 힘이 엄청나게 커져 왕권의 힘을 넘어서기에 이른다.

신라 진골 귀족이 누린 사치의 정점, 황금으로 만든 저택

황금 저택의 도시, 경주

『삼국유사』진한조에 금입택金入宅이라는 말이 나온다. 여기서 금이 쇠를 뜻하는지, 황금을 뜻하는 것인지 정확히 알 수 없다. 그러나 이 금입택이 전성기 신라(헌강왕 때)의 수도 경주에서 가장 부유한 집을 가리키는 것임에는 틀림이 없고, 따라서 황금으로 해석하는 것도 옳을 듯하다.

당시 금입택이라고 불린 집의 재산은 거의 재벌 수준이어서 웬만한 절 하나 정도는 한 집안에서 너끈히 세울 수 있었다. 『삼국유사』는 경주에 이런 금입택이 모두 서른다섯 채나 있었다고 전하면서, 친절하게도 그 집들의 이름을 하나하나 거명하고 있다. 그중에는 김유신의 본가인 재매정택財買井宅도 포함되어 있다.

통일신라 전성기의 경주는 요즘 기준으로도 부유한 도시였다. 『삼국유사』의 기록을 보면 "제49대 헌강왕 때는 성안에 초가집이 하나도 없고, 집의 처마와 담이 이웃집과 서로 연해 있었다. 또 노랫소리와 피리 부는 소리가 길거리에 가득 차서 밤낮으로 끊이지 않았다"고 씌어 있다. 당시 경주의 가구 수는 17만 8천 936호. 호당 인구가 얼마나 되었는지는 정확히 알 수 없지만 상당한 규모의 도시였음을 알 수 있다. 그런데 이 큰 도시에 초가집이 하나도 없었다니 조선의 수도인 한양보다 훨씬 화려했을 것이다. 금입택은 이런 부유함의 절정이었다.

신라 834년 진골 귀족들에 대해 사치 생활 금지령이 내려진 적이 있는데, 우리는 여기서 당시 금입택들의 부유함을 짐작할 수 있다. 이미 806년에 금과 은으로 용기를 만드는 것을 금지했는데, 834년에는 진골 귀족도 용기나 거기(車騎, 수레나 말 장신구), 옥사(屋舍, 집)에 금을 사용하지 못하도록 억제하는 사치 금지령을 내렸던 것이다. 이로 미루어보면 대부호들은 실제로 집을 지을 때 금을 사용하여 장식할 정도로 부유했음을 알 수 있다.

또 이들 금입택이 불교 사원을 짓는 데 쏟아부은 돈으로도 그 부유함을 짐작할 수 있다. 『삼국유사』 백암사 석탑사리조에 의하면 금입택의 하나인 북택의 돈으로 백암사를 창건했다고 한다. 또 전남 장흥 보림사 보조선사 창성탑비에는 금입택 가운데 하나인 수망택과 이남택의 택주들이 금 160푼과 조곡 2천곡을 기부했다는 이야기가 나온다.

나라가 기울어 갈수록 금빛은 찬란해지고

금입택의 택주들이 이처럼 부유했던 것은 무엇 때문일까? 그것은 그들이 진골 귀족이었다는 데서 이유를 찾을 수 있다. 김유신의 가문만 하더라도 금관가야의 왕족 출신으로 신라의 진골 귀족에 편입되었다.

진골은 원래 성골보다 한 단계 낮은 계급으로 왕족의 방계라고도 할 수 있다. 왕의 자식으로 왕이 되지 못한 자손들은 7대까지는 성골로, 8대부터는 한 단계 강등되어 진골로 분류되었다. 태종무열왕 김춘추도 그런

〈기와이기〉, 김홍도,
국립중앙박물관

일꾼들은 기와를 잇고 목수는 대패질을
하고 있다. 통일신라 전성기의 경주는
초가집 없이 기와집만 가득한 호화 도
시였다. 금입택은 이런 부유함의 절정
이었다.

연유로 최초의 진골 출신 왕이 되었다. 그러나 이들 진골의 권력은 막대
했다. 장군이나 장관직을 독점했고 국가로부터 막대한 토지를 하사받았
다. 통일 전쟁 후에는 전공에 따라 막대한 보상과 전리품을 받았고 사병
을 양성하기도 했다.

신라 말기에 왕권 다툼이 심화되면서 왕권이 약화되어 사병까지 양성
한 진골 귀족의 위세는 왕권으로도 통제하기 어려울 정도였다. 금입택의
택주들인 진골 귀족이 사원에 막대한 부를 투자한 것도 사실은 사원을
경영함으로써 자신들의 엄청난 재산을 합리적으로 빼돌리기 위한 것이
었다.

금입택은 이렇게 막강한 권력과 부를 누리던 진골 귀족의 상징이었다.
금입택은 크기도 화려할 뿐 아니라 경주에서도 가장 경치 좋은 곳에 위
치하고 있었다. 『삼국유사』의 기록에 우사절유택又四節遊宅이라 하여, 이들

금입택들 중에서도 계절마다 가장 놀기 좋은 곳을 꼽고 있다. 기록에 따르면 "봄에는 동야택東野宅, 여름에는 곡량택谷良宅, 가을에는 구지택仇知宅, 겨울에는 가이택加伊宅에서 놀았다"고 한다. 누가? 당연히 진골 귀족들끼리였으리라.

경제가 어렵다, 어떻다 하지만 알 만한 부유한 동네에 가면 현대판 금입택들이 눈에 띈다. 한 TV 시사 프로그램의 추적에 의하면 국산이라고는 사람뿐이고, 그 사람마저 외국인 학교나 해외 유학을 통해 외국 물을 먹고 자라며 철저히 상류계급 의식을 갖는다고 한다. 다만 그들이 부유하긴 하지만 진골 귀족들만큼 나라의 운명을 좌지우지하지는 못한다는 점이 그나마 다행이다. 막대한 부와 호사스런 생활을 했던 진골 귀족들은 신라 말기로 가면 갈수록 더 큰 권력을 갖게 되지만, 그럴수록 신라는 멸망의 길로 내달았으니 말이다.

손녀가 손자를 낳았던
고려왕조의 비밀

'막장 드라마' 뺨치는 왕실 계보

손녀가 손자를 낳는 방법은 오직 하나뿐, 아들과 손녀가 몸을 섞는 것이다. 이 손자는 할아버지 입장에서 보면 손자이자 외증손자이다. 하늘을 우러러 부끄러워해야 할 이 같은 불륜이 고려 왕실에서 실제로 벌어졌고 심지어 그 소생이 왕이 된 경우가 있다.

고려 제8대 임금 현종이 바로 그 주인공이다. 그의 아버지는 태조 왕건의 여덟 번째 아들인 욱(郁)이고 어머니는 왕건의 손녀딸인 헌정왕후이다. 헌정왕후는 태조의 일곱 번째 아들 욱(旭, 여덟 번째 아들과 음은 같고 한자만 다름)의 딸이다. 즉 태조의 여덟 번째 아들이 일곱 번째 아들의 소생인 조카딸과 간통하여 현종이 태어난 것이다. 더욱 놀랄 일은 이 헌정왕후가 태조의 셋째 아들이자 고려 4대왕인 광종의 아들(5대왕 경종)의 왕비였다는 사실이다. 사촌에게 시집가 왕비가 된 몸으로 다시 삼촌과 간통해 아들을 낳은 것이다. 이 사정은 아무리 간단하게 설명하려 해도 복잡하다. 천천히 그 관계를 추적해보자.

태조는 여러 아들을 두었는데, 세 아들이 차례로 왕이 되었다. 2대 혜종, 3대 정종, 4대 광종이 모두 태조의 소생이다. 5대 임금부터 태조의 손자뻘로 내려간다. 5대 경종은 4대 광종의 아들이고, 그가 일찍 죽자 6대 성종이 등극하는데 그는 태조의 일곱 번째 아들 욱旭의 소생이다. 5대 경종과 5대 성종은 할아버지는 같고(태조) 아버지는 형제인 사촌 간이다.

고려 왕실은 사촌 간의 결혼에 아무런 죄의식을 느끼지 않았다. 오히려 왕실의 적통을 보존하기 위해 근친 간에 결혼했다. 경종과 성종의 집안도 그런 관계였다. 성종이 아직 왕위에 오르기 전에 두 누이가 함께 경종의 부인이 되었다. 경종의 왕비인 헌애왕후가 언니이고 헌정왕후가 동생이다. 그런데 경종이 일찍 죽고 헌애왕후와의 사이에 난 아들이 아직 어리자 성종이 즉위했다.

경종이 일찍 죽자 헌애왕후와 헌정왕후 두 자매는 젊은 나이에 과부가 되었다. 모두 끼가 있었는지 수절하지 못하고 사고를 치는데, 언니 헌애왕후는 김치양이라는 이와 바람을 피웠다. 헌애왕후의 오빠인 성종은 일찍 죽은 사촌 경종의 아내인 누이가 바람을 피우자, 누이를 직접 징계하지는 못하고 김치양을 멀리 내쫓아버린다. 그런데 이번에는 헌정왕후가 바람을 피우는데 그 상대가 바로 태조의 여덟 번째 아들이자 성종의 삼촌인, 그러니까 당연히 헌정왕후에게도 삼촌이 되는 욱旭이었던 것이다. 그리하여 욱과 헌정왕후 사이에 아들이 태어났으니 그가 8대왕 현종 즉, 대량원군으로 태조에게는 손자이자 외증손자이고, 당대 임금 성종에게는 사촌 동생이자 조카였다.

불륜의 씨앗인 대량원군 순은 왕이 될 운명을 갖고 태어나지는 않았다. 그런데 문제가 생겼다. 성종이 죽자 다시 경종과 헌애왕후 사이에 난 아들이 왕위를 이었는데, 그가 바로 7대 목종이나. 헌애왕후는 왕의 어머니가 되었는데, 열여덟 살 된 아들 목종을 대신해 섭정을 했고, 자신을 천추태후로 부르도록 했다. 그녀는 오빠에 의해 멀리 쫓겨간 김치양을 다시 불러들였다. 그리고 김치양과 간통하여 다시 아들을 낳았다.

근친혼이 불륜이 아니었던 시대

헌애왕후는 아들 목종이 왕위에 오른 데 만족하지 못하고, 애인 김치양과의 사이에서 난 아들까지 목종의 뒤를 잇게 하려는 야심을 품었다. 때마침 목종에게는 자식이 없었다. 일이 이렇게 되자 고려 왕실은 뒤죽박죽이 되었다. 더구나 헌애왕후와 김치양 사이에서 낳은 아들은 왕통도 아니지 않은가? 그런데도 헌애왕후는 대량원군 순을 출가시켰다. 중이 되게 한 것이다. 경위야 어찌되었건 간에 동생 헌정왕후와 욱 사이에서 낳은 대량원군 순은 태조의 손자이니 왕실의 적통이고, 따라서 김치양의 아들을 왕위에 올리는 데 방해가 될 것이기 때문이었다.

헌애왕후는 그래도 안심이 안되었는지 순을 독살하려고 여러 차례 기도했지만 성공하지 못한다. 여기에 김치양의 음모가 가세했다. 지금이야 헌애왕후를 믿고 권세를 휘두르지만 어쨌든 목종은 자신의 아들이 아니고, 목종이 장차 아들을 낳기라도 한다면 자신과 자신의 아들은 개밥의 도토리 신세가 될 것이 뻔한 일이었다. 헌애왕후가 살아있을 때 자신의 아들을 목종의 후계자로 삼아야 했던 것이다. 마침내 그는 목종을 살해하려고 기도하지만 실패하고 말았다.

목종은 그제서야 자신에게 닥친 위험을 깨달았다. 그리고 어머니 헌애왕후와 어머니의 애인 김치양의 야심을 끊기 위해서는 하루빨리 후계자를 정해야겠다고 생각한다. 그래서 신하들과 의논하여 대량원군 순을 불러들이고 서경에 있던 강조에게 군사를 이끌고 와 자신을 호위토록 했다. 그런데 강조는 이 틈을 타 목종을 폐위하고 김치양 일파를 제거했다. 천추태후, 즉 헌애왕후는 황주로 도망가 거기서 생을 마쳤으며 목종은 결국 강조에 의해 살해당한다. 그리고 그 후 세상은 강조의 것이 되어버리고 만다. 이렇게 하여 삼촌과 조카딸이 간통하여 낳은 아들이 고려의 제8대왕 현종이 되었다.

　그 후에도 근친 간의 결혼은 계속되었다. 현종의 왕비는 성종의 딸로 어머니 헌정왕후가 성종의 누이이니 현종의 외사촌 누이다. 한술 더 떠 현종의 맏아들인 9대왕 덕종은 동부이모同父異母인 누이를 왕비로 맞았다. 이와 같이 고려왕조, 특히 초기의 고려 왕실은 사촌 간, 숙질 간은 물론이고, 심지어 동부이모의 남매지간까지 복잡한 근친혼 관계로 맺었던 것이다.

고려 왕실의 근친혼 사례도
1대 태조

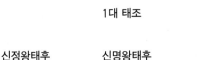

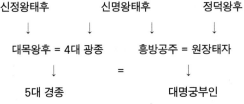

고려 전기에는 왕실의 기반을 다지기 위한 근친혼이 성행했다. 특히 제4대 광종에서 제7대 목종까지는 11명의 왕비 중 8명이 왕실 여인이었다. 위에서 볼 수 있듯이 광종은 이복 여동생인 대목왕후와 결혼했고, 그 사이에서 태어난 경종은 사촌 누이인 대명궁 부인과 결혼했다.

녹둔도 사건,
이순신 최대의 위기

조선의 운명을 바꾼 인사 개편

임진왜란이 일어나기 한 해 전인 1591년 2월 13일, 선조는 47세의 이순신을 진도군수(부임 전이었음)에서 전라좌도 수군절제사(약칭 전라좌수사, 정3품직)에 임명했다. 이것은 우리 역사에서 대단히 중요한 의미를 지닌 사건이었다. 만약 이순신이 전라좌수사로 임명되지 않았다면 임진왜란의 결과는 어떻게 달라졌겠는가? 그런데 이순신이 전라좌수사로 임명된 지 사흘 후인 2월 16일에 가슴을 쓸어내리게 하는 일이 벌어졌다. 언관들이 임금께 이순신의 전라좌수사 임명을 취소하라는 청을 올린 것이다. 아찔한 일이 아닐 수 없다.

사간원의 청은 이렇다.

"전라좌수사 이순신은 현감으로서 아직 군수에 부임하지도 않았는데 좌수사에 임명하시니 그것이 인재가 모자란 탓이긴 하지만 관작의 남용이 이보다 심할 수는 없습니다. 체차(遞差, 관리를 갈아바꿈)시키소서."

임금이 허락하지 않자 2월 18일 이순신을 체차하라고 재차 청한다.

"이순신은 경력이 매우 얕으므로 중망衆望에 흡족할 수 없습니다. 아무리 인재가 부족하다고 하지만 어떻게 현령을 갑자기 수사에 승임시킬 수 있겠습니까? 요행의 문이 한번에 열리면 뒤에 폐단을 막기 어려우니 빨리 체차시키소서."

다행히 선조는 첫째로 인재가 모자라니 어쩔 수 없고, 둘째로 이순신이라면 능히 그 일을 맡아 할 수 있다는 이유로 사간원의 청을 물리쳤다.

사간원이 이순신의 임명에 반대한 이유

사간원이 이순신의 임명에 반대한 첫 번째 이유는 여러 단계를 한꺼번에 뛰어넘은 인사라는 것이다. 이 말에는 일리가 있다. 진도 군수로 발령을 받기 전에 이순신은 평안도 강계에 있는 만포진의 첨절제사였는데, 이것은 원래 종3품직이다. 그런데 이순신은 만포진 첨사를 지낸 후 진도 군수로 발령을 받았는데 이것은 또 종4품직이다. 그렇다면 이순신이 진도 군수로 발령받은 것은 승진이 아니라 좌천이다. 그러나 정황으로 보아 이순신은 분명히 승진한 것이다. 어떻게 된 일인가? 아마도 이순신은 종3품직 만포진 첨절제사가 아니라 종5품직인 만포진의 현령이면서 군사일을 겸임했던 것이 아닌가 싶다(당시에는 지방 고을의 수령들이 군사직도 겸임하는 경우가 많았다). 그렇다고 할 때 종5품의 만포진 현령에서 정3품의 전라좌수사로 다섯 계단이나 파격적으로 승진했으니 사간원에서 딴지를 걸었던 것도 이해가 간다.

그런데 여기서 사간원의 반대가 단지 파격적인 승진 때문만은 아니었음을 알아야 한다. 이순신은 이미 4년 전(1587년) 두만강변에서 조산만호(萬戶, 종4품직으로서, 주로 변경의 요충지에서 상류군 또는 병선을 관장하여 외적에 대비하는 임무를 받았다)라는 무관식을 맡고 있었다. 그런데 어째서 그후 현감이나 현령이라는 더 낮은 지위에 머물러 있었던 걸까? 사간원의 2차 청원에서 '경력이 매우 얕으므로'라고 한 것은 무엇을 말하는가? 그렇다. 4년 전, 이순신의 조산만호 시절 그의 생애에 최초로 백의종군해야 했던 사건이 있었다. 그것은 명장 이순신이 남긴 최초의 패전 기록이었다.

이순신의 첫 번째 백의종군

동해와 맞닿은 두만강 하류, 조선과 러시아 사이에 녹둔도라는 작은 섬이 있다. 육진 개척 이후 조선의 영토로 편입되어 국경 방위의 중요한 요새가 되었고, 1860년 북경조약으로 불시에 러시아 땅이 된 이후 아직도 귀속 문제를 해결하지 못한 섬이다. 이 섬에는 원래 사람이 살지 않았는데 국경 군대의 군량도 조달할 겸 해서 농민들이 들어가 농사를 지었다. 그러나 배고픔에 떨던 여진족들이 쳐들어와 백성을 해치고 식량을 훔치는 일이 잦자 적은 수의 군사를 주둔시키되 농민들은 배를 타고 들어와 농사를 짓고 다시 배를 타고 나가게 했다. 이 섬의 군사들이 바로 조산만호 이순신의 부하들이었다.

1587년 가을, 여진족의 하나인 시전부족時箋部族이 이 섬에 몰래 침입했다. 그들은 나무 울타리를 넘어들어와 습격했는데 섬을 지키던 군사의 수가 워낙 적어 중과부적이었다. 여진족들은 우리 군사 11명을 죽이고 군민 160여 명을 납치해갔다. 녹둔도는 함경도 경흥부의 관할로 경흥부사 이경록이 관을, 조산만호 이순신이 군을 책임지고 있는 곳이었다. 당연히 두 사람은 즉각 반격에 나서서 여진족을 치러 갔다. 이것이 녹둔도 사건에서의 1차 여진 정벌이다.

그러나 이경록과 이순신의 1차 정벌은 실패로 끝났다. 포로 160여 명을 구출하고 소수의 적을 죽이긴 했지만 아군의 피해가 엄청나게 컸던 것이다. 이순신의 상관이었던 함경도 북병사(병마절도사, 정3품) 이일은 1차 정벌의 결과에 대해 녹둔도 함몰이라고 표현했다. 공식적으로 패한 것은 아니되 사실상 패전이나 다름없었다.

10월 10일 북병사 이일은 선조에게 이경록과 이순신을 감금했다는 장계를 올린다. 이어 10월 16일 다시 전쟁에서 패한 책임을 물어 그들을 극형에 처하자는 장계를 올린다. 그러나 선조는 이경록과 이순신이 아군의 피해를 줄이지 못한 책임은 있지만 전쟁에서 패한 것은 아니라 하여 이일의 청을 듣지 않았다. 대신 장형杖刑을 집행하게 한 다음 백의종군으로 공을 세우게 하라는 명을 내렸다. 이 며칠 사이에 명장 이순신의 목숨이 왔다갔다한 것이다.

이듬해 1월 14일 북병사 이일을 필두로 2차 여진 정벌에 나선다. 이때 이경록과 이순신은 직함 하나 없이 백의종군하게 되는데, 이 2차 정벌은 여진토벌 역사상 가장 빛나는 전과를 올린다. 군사 2천5백여 명이 밤을 도와 길을 나눠 강을 건너가 다음 날 아침 적의 마을을 기습했다. 아군은 적의 머리 380두, 말 9필, 소 20마리를 참획하고 여진의 집인 궁려窮廬 2백여 개를 불태웠다. 특기할 만한 사실은 아군 사망자가 하나도 없었다는 것이다.

이순신은 비록 백의종군하여 공을 세웠지만 예전의 관직으로 되돌아가지 못했다. 전라도 관찰사 이광에게 발탁되어 그의 밑에 있다가 1589년 정읍 현감(종6품)으로 임명되고 다시 만포 첨사로 있던 중 진도 군수로 임명되었다. 그때 선조가 파격적으로 발탁하여 전라좌도의 수군을 통수하도록 했으니 임진왜란이 있기 바로 전해였다. 사간원에서 이순신의 껑덩이 직음을 문제삼았는데, 이것은 바로 1587년의 패선 이후 전쟁을 치러본 경험이 없고 그럴듯한 자리에 앉은 적이 없기 때문이었다.

실패를 통해 '불패'의 명장으로 거듭나다

그후 역사의 아이러니는 임진왜란에서 이일과 이순신의 처지를 바꿔놓았다. 이순신이 전라좌수사로 연일 승전하고 삼도수군통제사로 빛나는 전과를 올리는 동안 경상도 순변사였던 이일은 상주에서 왜군과 싸워 크게 패하고, 이어 충주에서 도순변사 신립과 함께 다시 왜적과 싸웠지만 또 패하여 황해도로, 평안도로 밀리기만 하고 있었다. 이일 역시 뛰어난 장수이긴 했지만 조총이라는 신식 무기로 무장한 왜군에 대항하기에는 역부족이었던 반면, 이순신은 거북선과 화포로 무장해 왜군에게 단 한 번도 지지 않는 승장이 되었다.

1591년 전라좌수사로 임명된 이순신은 군사를 조련하고 새로운 전선을 마련했으며 군량미를 확충하기 위해 해도海島에 둔전을 설치하자는 장계를 조정에 올리는 등 군비 확충에도 만전을 기했다. 그 준비가 이듬해 임진왜란이 일어났을 때 왜군을 물리칠 수 있는 힘이 되었음은 물론이다.

전라좌수사 이순신이 이처럼 철저하게 만약의 경우에 대비했던 것은 1587년 조산만호 시절의 뼈아픈 패배 덕분이 아니었을까? 실패에서 얻은 교훈이 이순신을 조선 최고의 명장으로 만든 것인지도 모른다.

조선 사람들은
왜 관우에게 제사 지냈을까?

삼국지 최고의 명장, 관우

나관중의 『삼국지』 덕분에 위·촉·오의 삼국시대와 당시의 명장들은 우리나라 사람들에게도 널리 알려져 있다. 그중에서도 큰 키와 긴 수염을 휘날리며 전장을 휩쓴 관우는 누구보다 유명하다. 청룡언월도를 휘두르며 용맹히 싸운 무용담이나, 몸에서 화살을 빼내는 동안 신음 한 번 지르지 않고 태연히 바둑을 두고, 끝내 유비와의 결의 약속을 지키며 목숨을 바친 관우의 명성은 다른 장군에 비할 바 아니다.

하지만 관우는 어디까지나 중국의 일개 장군일 뿐이다. 관우의 용맹과 충절을 흠모하는 것이야 개인적인 취향이겠지만 일국의 왕이었던 조선의 임금들이 어찌 그에게 머리 숙여 절을 할 수 있겠는가? 더구나 명분과 형식을 끔직이 여겼던 조선 시대에 말이다. 그러나 실제로 그런 사건이 있었다. 이제 그 이유를 추적해보자.

중국 사람들에게 관우는 전투의 신으로 신앙의 대상이었다. 명나라 초기부터 중국 전역에 관왕묘關王廟를 설치하고 관우의 영정이나 모형을 안

치했다. 처음에는 전쟁에 임하는 장군들이 자신들의 필요에 의해 관왕묘를 설치하고 참배했지만 점차 일반 백성들에게까지 퍼졌다.

관우의 사당이 바다를 건넌 이유

관왕묘가 조선에 처음 생긴 것은 임진왜란 중의 일이었다. 눈 깜짝할 사이에 한양까지 왜군에게 내줘버린 조선 정부가 급기야 명나라의 손을 빌렸고, 조선에 온 명나라 장수들은 자신들의 거처에 작은 관왕묘를 설치했다. 명나라 장수들은 종종 관왕의 혼이 자신들의 전투를 돕는다며 군사들의 사기를 진작시키고는 했다.

1598년 4월, 왜군과의 전투가 막바지에 이르렀을 때였다. 명나라 장수 진유격은 그를 접대하는 조선의 관리 이홀에게 관왕묘를 넓은 곳에 크게 건립할 뜻을 전했다. 목수나 미장이로 조선의 공인을 써야 하니 도와달라는 것이었는데, 그는 관왕묘의 건립은 또한 조선에도 도움이 된다고 강조했다. 조선을 도우러온 장수들의 청이니 당연히 들어주어야 했다. 왕실에서 건축 비용을 보조했고 도감관都監官이라는 관리까지 두어 관왕묘의 건립에 힘을 쓰게 했다. 이렇게 해서 최초의 관왕묘가 숭례문(남대문) 밖에 세워졌다.

5월 13일은 관왕, 즉 관우의 생일이다. 관왕묘가 건립되자 명나라 장수들은 이날 제례를 올리겠다는 뜻을 조선 정부에 전했다. 조선 정부가 만류할 핑계는 없었다. 그런데 문제는 여기서부터 시작된다. 명의 장수들은 선조가 이 제례에 반드시 참석해야 한다고 요구했던 것이다. 일개 장수의 요구였지만 당시 형편으로는 무시할 수가 없었다.

5월 12일 이 문제와 관련하여 비변사 회의에서 나온 중신들의 의견도 별 다를 바 없었는데, "지금은 전시라 조선의 임금일지라도 명나라의 작은 관리에게 예절을 차리는 실정이니 그들이 요구하는 대로 들어줄 수밖에 없다. 다만 그들이 4배례를 하라는 것은 들어줄 수가 없으니 분향만 하고 경의를 표하는 정도에서 그치자"는 것이었다. 이 의견은 최종적으로 '오성과 한음'으로 유명한 한음 이덕형이 임금께 올렸는데 꾀 많은 그도 이때만은 별 방법이 떠오르지 않았던 모양이다.

선조의 굴욕, 관우에게 4배례를 하다

5월 13일은 비가 와서 5월 14일 관왕묘에 임금이 직접 나아갔다. 그날의 광경을 『선조실록』은 이렇게 묘사하고 있다. "상이 관왕묘에 친제親弟하였다. 상이 앞으로 나아가 무릎을 꿇고 앉아 분향한 다음 계속하여 술 석 잔을 올렸다. 상이 전후로 각각 재배하는 예식을 거행했다. 예를 마치니 명의 장수 진유격이 뜰에서 광대놀이를 베풀고 상을 맞이하여 함께 관람하였다."

선조는 결국 4배례를 하고 말았고, 또 격에 맞지 않게도 중국 장수가 베푸는 광대놀이를 함께 구경했던 것이다. 그후에도 선조의 관왕묘 참례를 두고 대신들 사이에 말이 많았다. 그러나 당시의 상황에서는 하나같이 쓸모없는 말뿐이어서 성주, 강진, 안동, 남원에서 계속 관왕묘가 세워지고 동대문 밖에도 동관왕묘가 따로 세워졌다.

구한말, 나라가 존망의 위기에 처했을 때 고종은 서울에 북묘, 서묘를 세우고 전주와 하동 등에도 관왕묘를 세웠다. 1901년의 조서에서 "관왕묘를 숭상한 것이 지금까지 3백여 년이다"라고 했는데 이것은 바로 선조 때부터를 말하는 것으로, 고종은 이 중국의 신에게 도움을 청해야 할 정도로 다급했던 것이다. 그러나 죽은 이순신이 다시 살아나도 될까 말까한 일을 죽은 관우가 어찌할 수 있었겠는가!

조선 시대에 양반 노릇
제대로 하는 법

'아니, 이 양반이!'

양반의 권위가 땅에 떨어진 19세기 말에 오면, 원래 신분의 명칭이었던 '양반'은 이놈 저놈 하듯 이 양반 저 양반하고 부르는 호칭이 되었다. 대대로 권세를 누리던 문벌 가문의 양반이 있는가 하면, 공명첩을 사서 돈으로 양반된 이도 있고, 아무도 모르는 곳에 와서 양반 행세를 하는 사람도 생겼다. 양반이라고 다 같은 양반이 아니었다. 신분제가 흔들리면서 양반의 권위도 흔들렸다. 그러나 이것은 어디까지나 조선 양반 황혼기의 이야기일 뿐, 조선 시대 내내 지배 계층으로서 양반의 위세는 대단한 것이었다.

원래 양반이란, 문관인 동반과 무관인 서반을 함께 일컫는 말이었다. 그런데 4대조, 즉 고조할아버지 이래로 9품 이상의 관직에 나간 이가 없으면 양반의 반열에서 탈락하게 되어 있었다. 고려 말 지배층이 비대해지자 집권 사대부들이 지배층을 축소하기 위해 취한 조치였다. 이러한 계급 탈락 제도는 신라 시대에도 있었다. 신라의 골품제는 7세손까지만 같은 계급으로 했다. 그러니까 7대조 할아버지가 진골이었는데 그 후의 자손들이 진골로 남을 만한 경력을 갖추지 못하면 8세손부터는 한 단계 아래인 6두품으로 강등되었다. 태종무열왕 김춘추의 경우, 그 아버지까지는 신라의 가장 높은 계급인 성골이었지만 김춘추는 8세손이었기에 진골로 강등되었다. 그래서 김춘추는 최초의 진골 출신 왕이 되었던 것이다. 당시 신라에서 계급 내 혼인이나 동성혼이 성행했던 것도 계급을 유지 존속시키기 위함이었다.

하지만 생각해보라. 5대조 할아버지는 고을 원님이라도 했는데(고을 원이라야 종6품 현감 정도의 낮은 벼슬이다) 그후 후손들이 아무도 과거에 급제하지 못했다고 해서 양반에서 물러나고 싶어했겠는가? 5대조가 아니라 10대조 할아버지가 조그만 벼슬이라도 했다면 양반 행세를 하려고 했다.

양반 노릇 오래오래 하는 법

관직에 나아가기 위해서는 과거에 급제해야 한다. 그런데 과거라는 게 매년 열리는 것도 아니고, 또 급제자가 많은 것도 아니어서 기껏해야 서른 명 안팎, 적을 때는 대여섯 명에 불과했다. 그러니 어느 집안이나 양반의 대열에서 탈락할 위험이 있었다. 따라서 오래오래 양반의 반열에 남아 있기 위해서는 별도의 장치가 필요했다. 그중의 하나가 혼반婚班이다. 양반들끼리 사돈을 맺음으로써 계급적 지위를 유지하는 것이다. 외가나 처가에라도 관직에 나간 이가 있으면 양반 노릇 하는 데 별문제가 없었다. 조선 중엽까지는 출가한 딸에게도 재산을 균분하여 상속했으므로 처가의 재산은 사위에게도 상속되었다. 때문에 가난한 양반은 혼인을 통해 노비와 땅을 얻고, 양반에서 탈락할 위기에 처한 이는 양반의 지위를 얻는 정략결혼도 성행했다.

더 확실한 방법은 동족촌이었다. 이른바 반촌班村을 형성하는 것인데, 양반들이 1~3개의 동족으로 한 마을을 이루고 소수의 양민과 다수의 천민을 부려 땅을 경작하며 자신들의 신분을 유지했다. 이런 마을에 사는 양반들은 비록 4대조 안에 관료가 없어도 광범위한 동족들과의 관계를 통해 양반으로서의 지위를 유지했는데, 이들을 향반鄉班이라고 불렀다.

양반의 자격

한편, 양반은 글을 읽을 줄 아는 사람이어야 했다. 선비라는 명칭은 여기서 유래한다. 양반에서 탈락하는 자가 없게 혼반이나 동족촌을 통해 양반끼리 서로 도운 반면, 양반 사회 내에서 글을 제대로 읽지 못하고 담론을 나눌 수준이 되지 못하면 경멸과 멸시를 받았다. 선비들 중에서 혼탁한 조정을 탓하며 일부러 벼슬에 나가지 않는 사람도 많아 죽림은사니 산림이니 하는 사람의 집단이 만들어졌는데 이들은 벼슬을 하지 않아도 칭송을 받는 엄연한 양반이었다.

정작 양반에서 탈락하는 것은 경제적 이유에서였다. 특히 신분제도가 본격적으로 흔들리는 18세기 무렵부터는 가난한 양반은 부유한 양인보다 못했고, 대신 부유한 양인이나 속량한 천민이 돈으로 양반을 사서 양반 행세를 하는 역전 현상이 심심찮게 일어났다. 조선 시대 양반들에게도 가난은 가장 무서운 적이었던 셈이다.

출세한 노비들의
전성시대

온 나라를 시끄럽게 한 골칫덩이

성종(재위 1469~1494년) 재위 내내 임금의 골치를 아프게 만든 사람이 있었다. 자헌대부(資憲大夫, 정2품)로 파산군巴山君에 봉해진 조득림이다. 그는 모략으로 나라의 땅을 자기 것으로 만들거나, 남의 집과 땅을 힘으로 빼앗기 일쑤였고, 아버지 상중에 처를 버리고 새장가를 들려고 하여 온 나라를 시끄럽게 만들었던 문제아였다. 그런데 이 골칫덩이 조득림이 바로 노비 출신이었다.

　조득림은 원래 정희황후(세조의 비)의 아버지 윤번의 가노家奴였다. 어려서 총명하여 정희황후가 수양대군(나중의 세조)에게 시집온 후에 눈에 들었는데, 수양대군이 집권을 위해 김종서 등을 제거하고 안평대군을 역모 사건으로 몰 때 공을 세웠다. 그리하여 세조가 즉위하자 그를 3등 좌익공신(세조의 즉위에 도움을 준 공신)에 임명했다. 당시 세조가 조득림을 좌익 3등 공신으로 책훈하는 교서는 이러했다.

　"충성을 나하여 나늘 도와서 이미 비상한 공을 세웠으니 마땅히 사례를 뛰어넘는 은총을 베풀어야 하겠다. 생각건대, 그대는 성품이 빼어나고 일을 처리하는 데 공경하고 삼가며, 어린 나이에 나를 따라서 항상 좌우에 있었으나 이른 아침부터 밤늦게까지 해이하지 않고 받들어 순종하는 데 어긋남이 없었다. (중략) 충성이 왕가에 있으니, 내가 그대의 공적을 아름답게 여긴다. 이에 좌익 3등 공신에 임명하여 그 부모와 처에게도 작위를 내리고 밭 80결, 노비 8구, 백은白銀 25냥쭝 등을 내리노라. 앞으로도 충성을 다하여 나를 섬기도록 하라."

이렇게 세조의 총애를 받았던 조득림이고 보니, 성종이 어찌하기가 어려웠던 것이다.

노비가 출세하는 법 하나, 아비를 잘 두어라

노비 출신이 양민이 되기도 어려웠던 시절, 관리가 된다는 것은 그야말로 하늘의 별 따기보다 어려웠다. 하지만 이처럼 역모를 고발한다든가, 권력자의 종복으로서 공을 세우고 관리가 된 경우는 가끔 있었다. 그리고 그 자식은 과거를 볼 수도 있었다. 조득림은 공신에 봉해지기 전 역시 종이었던 여자와 결혼하여 두 아들을 낳았고, 공신이 된 후에는 양반의 딸과 다시 결혼해서 자식을 보았는데 모두 과거를 보았다.

공신이 된 노비의 자식으로 입신한 대표적 예가 송익필(1534~1599년)이다. 송익필은 학문에 전념하여 율곡 이이 등과 교류했고, 제자들을 길러 조선 예학의 태두로 칭송받는 김장생 등의 제자를 길렀다. 그는 서인 세력의 막후 실력자로, 훌륭한 유학자로 당세에 이름을 떨쳤다.

그 송익필의 아버지 송사련이 노비 가문 출신이었다. 신분에 한을 품은 송사련은 역모를 조작, 밀고하여 관리가 되었고 그 덕에 송익필은 공부를 할 수 있었던 것이다. 나중에 동인 세력이 집권하고 무고 사실이 밝혀지면서 송사련은 물론 그 아들 송익필도 다시 노비로 환천되었지만, 서인 세력이 재집권하면서 사면을 받아 풀려나게 된다.

노비가 출세하는 법 둘, 출중한 능력과 운

그러면 스스로의 힘으로 노비의 신분을 딛고 관리가 된 사람은 없을까? 그 대표적인 사람이 반석평이다. 그는 어려서 사람됨이 총명하여 학문에 뜻이 있었지만 천민이라는 신분적 한계가 있었다. 그의 할머니가 반석평의 사람됨을 알아보고 천민임을 숨겨 가문을 일으키고자 그 손자를 이끌고 서울로 와서 셋집에 살면서 길쌈과 바느질로 의식을 이어가며 공부를 시켰다. 하지만 여전히 종의 신분에 불과했다. 그때 그는 어느 재상집 종이었는데, 이 재상이 다행히 사람 볼 줄 알았다. 반석평이 글을 읽혔고 또한 총명하다는 것을 알고 면천시켜 아들 없는 부잣집에 양자로 보내 공부를 계속할 수 있도록 해주었다. 반석평은 중종 2년(1507년)에 마침내 과거에 급제한다. 할머니의 노력이 빛을 본 것이다.

그는 문무를 겸비한 인재로 중종의 총애를 받아 함경도 병마절도사(정3품)를 역임했고, 평안도·함경도·충청도·전라도 등의 관찰사를 거쳐 형조판서에 이르렀다. 중종 26년(1531년)에는 조선을 대표하는 사람이 되었던 것이다. 그는 다른 노비 출신들이 노비 문제를 거론하기 꺼린 것과는 달리 문서를 위조하여 종을 만드는 폐단 등을 임금에게 직언하여 바로잡으려 노력하기도 했다.

유극량(?~1592년)의 경우는 자신이 노비인 줄 모른 채 장군이 된 사람이다. 그의 어머니는 재상 홍섬림의 집에서 종으로 일했는데, 재상집의 큰 술잔을 깨뜨리고 처벌이 두려워 도망가 양민과 결혼해서 유극량을 낳았나. 당시에는 중모빕從母法이라고 하여 어미가 신민이면 자식도 모두 천민이 되어야 했다. 하지만 유극량은 그 사실을 모르고 무과에 응시, 급제하여 벼슬이 수군절도사(정3품)에 이르렀다. 그는 이순신 장군이 전라좌수사로 오기 직전 전라좌수사를 지냈는데, 임진왜란 때 임진강 싸움에서 큰 공을 세우고 전사함으로써 병조참판에 추증되었다. 그리고 연안유씨延安劉氏의 시조로 무의공武毅公이라는 시호를 받았다. 종이 될 처지였지만 한 성씨의 시조로 자신의 운명을 바꾼 것이다.

노비 출신 관료들이 겪어야 했던 아픔과 슬픔
그러나 이들 노비 출신들은 비록 자신의 능력으로 스스로의 운명을 바꾸었어도 다른 양반들의 견제를 피할 수 없었다. 앞서 송익필도 노비 출신이었기에 과거를 보기보다는 학문에 전념했고, 동인과 서인의 집권 다툼의 와중에 반대파가 득세하자 다시 노비로 환천되었다. 또 반석평은 노비 출신이라는 이유로 임금과 함께 경서를 논하는 자리에 참석할 수 없다는 주장에 따라야 했으며, 임금이 공조판서나 병조판서로 임명하려 할 때 여러 관료들의 반대를 받았다. 유극량의 경우에는 애초 어머니가 종으로 있던 재상 홍성이 너그럽게 모른 척해주었기에 다행히 직위를 유지할 수 있었다.

노비가 관료가 된다는 것을 무엇에 비유할 수 있을까? 하늘의 별 따기? 낙타가 바늘구멍 통과하기? 『조선왕조실록』을 전부 뒤져도 노비 출신 관료는 몇되지 않는다. 노비들은 대신 돈으로 신분 상승을 꾀하거나 민란에 참여했다. 그들에게 출세는 그저 꿈이었고, 그 꿈을 현실 속에서 가능하게 하는 유일한 방법은 오직 세상을 뒤집어엎는 것, 즉 혁명뿐이었다.

우리가 사는 현대야말로 조선 노비들의 이상향인 셈이다. 세상 살기란 여전히 힘들고 고달프지만 우리는 그들이 목숨을 던져서 만들고자 했던 행복한 세상에 살고 있다. 다만 의식하지 못하고 있을 뿐이다.

조선 최악의 정쟁,
1천여 명이 목숨을 잃다

피비린내 나는 4대 사화를 들여다보니

권력에는 늘 피의 냄새가 난다. 권력을 뺏기 위해, 혹은 권력을 지키기 위해 가장 효율적인 방법은 반대파를 숙청하되 후환의 여지를 없애기 위해 모조리 죽여버리는 것이다. 누구 말마따나 '정치는 생물'이니 언제 그들이 권좌에 복귀해 과거의 복수를 할지 알 수 없기 때문이다.

조선의 정쟁에서 가장 많은 사람이 죽은 사건은 무엇일까. 나는 이 질문에 답하기 위해 먼저 이른바 4대 사화士禍에 주목했다. 4대 사화는 한마디로 15세기 말에서 16세기 중엽에 걸쳐 신진 사림들이 관료로 진출하며 권력에 가까이 갈 때마다 조정 공신이나 외척들에 의해 쫓겨나온 기록이다. 많은 사람이 죽고 다쳤으며 귀양을 갔는데, 대개 신진 사림들이었다.

무오사화는 연산군 4년(1498년)에 벌어진 일이다. 『성종실록』을 편찬하면서 쓴 김종직의 「조의 제문」이 단종의 죽음을 애도한 제문이라는 이유로 훈구 세력이 사림의 대표였던 김종직 일파를 처단하고 쫓아낸 사건이다. 김일손 등 5명이 처형되고 20여 명이 귀양갔다. 갑자사화(1504년)

는 연산군이 생모 윤씨를 폐위시키는 데 관여했던 사람들을 죽이고 귀양 보낸 사건이다. 10여 명이 처형되고 30여 명이 참혹한 벌을 받았으며 그들의 가족, 동족들이 연좌되어 고통을 겪었다. 기묘사화(1519년)는 연산군을 쫓아낸 중종반정 이후 조광조가 강력한 개혁 정책을 실시하자 이를 반대한 수구 세력들이 모략을 통해 조광조 일파를 처단한 사건이다. 조광조 등 4명이 처형당했고 수십 명이 귀양갔다. 을사사화(1545년)는 인종이 즉위 여덟 달 만에 죽고 명종이 즉위하자 명종의 외숙이었던 윤원형이 인종의 외척과 그에 호응했던 사림들을 죽인 사건이다. 처음 인종의 외숙 윤임 등 15명가량이 사형되고 20여 명이 귀양갔는데, 그후 오륙 년간 윤원형이 계속 세도를 잡으면서 관련자 백여 명이 처형당했다.

천 명이 몰살당한 최악의 정쟁

이 4대 사화 중 가장 많은 사람이 죽은 사건은 갑자사화와 을사사화다. 그러나 기껏해야(?) 1백여 명에 지나지 않는다. 선조 대에 무려 1천여 명이 죽은 대옥사와는 비교가 안된다. 정여립 모반 사건에 관련된 기축옥사(1589년)가 그것이다.

기록에 의하면 초기에 정여립(1546~1589년)이 자결하고, 관련자 10여 명이 장에 맞아 죽거나 처형당하는 것으로 일단락되었다. 그런데 이 사건이 동인에 대한 서인의 박해로 이어지면서 동인의 지도급 인물들이 10여 명 처형되더니, 급기야 정여립과 약간이라도 친교가 있었던 사람들과 그의 고향인 호남의 사림들, 그리고 동인이라는 이유로 관련되어 죽은 사람이 삼 년여에 걸쳐 1천여 명에 달했다.

정여립이 실제로 역모를 꾀했는가에 대해서는 학자들 사이에서도 아직 결론이 나지 않았다. 다만 정여립이 파격적인 사상을 갖고 있었던 것만은 분명해 보인다. 그 하나는 천하공물설天下供物說인데, 천하에 어찌 일정한 주인이 있느냐는 것이다. 또 하나는 하사비군론何事非君論으로 누구를 섬기든 어찌 임금이 아니겠느냐는 것이다. 조선조 전체에 걸쳐 유학자로서 이처럼 혁명적인 사상을 가진 사람은 다시 찾아 보기 어렵다.

그는 체격이 크고, 명석한 두뇌와 통솔력을 겸비하여 만인의 존경을 받았다. 1584년 관직을 그만두고 고향에 돌아간 후 전라도 진안 죽도에 서실을 지어놓고 대동계를 조직했는데, 한 달에 한 번씩 활쏘기 대회를 열었다. 1587년에 왜선들이 전라도에 침투했을 때 대동계를 동원하여 이를 물리치기도 했다. 이후 대동계는 전국으로 확대되었다.

그러나 이것이 모반을 꾀했다는 확실한 물증은 아니다. 그리고 기축옥사는 애초의 모반 사건 차원에서 벗어나 서인의 대대적인 동인 박해로 이어져 더 큰 문제가 되었다.

「관동별곡」으로 유명한 송강 정철은 당시 서인의 영수(좌의정)로 사건 조사의 책임을 맡았는데, 옥사를 엄하게 다스렸다. 그리하여 무려 1천여 명을 죽였으니, 첫째로는 동인과 서인의 대립에 칭하기 어려운 골을 만들었으며, 둘째로 정여립의 고향인 전라도 사람을 모조리 숙청함으로써 그때부터 전라도가 반역향으로 낙인찍히는 계기를 만들었다.

그후에도 여러 차례 옥사가 있었지만 기축옥사만한 규모의 것은 없다. 그때 하늘에 나는 새도 떨어뜨릴만큼 기세등등했던 서인의 수괴가 바로 조선의 대문장가이자 유학자였던 송강 정철이다. 후세의 선비들은 정철을 독철毒澈이라고 부르곤 했다. 정철의 이런 이면사가 일반에 잘 알려지지 않은 것은 그 후 오랫동안 서인의 후예들이 집권했던 데다, 이후에도 서인의 일파인 노론이 오랫동안 정권을 잡았기 때문일 것이다.

6
조선 시대 유학자들이
악덕 고리대금업자였다고?

경
제

조선 시대 유학자들이
악덕 고리대금업자였다고?

고리대금업의 역사

고리대금업은 역사상 가장 오래된 직업 중의 하나라고 한다. 우리나라도
예외는 아니어서 쌀이나 돈을 빌려주고 이자를 받는 것은 아주 옛날부터
있었다. 이자의 우리말은 '길미'다. 빚돈에 대하여 덧붙여 느는 돈이라는
뜻이다. 한자로는 변리邊利, 이식利息 등의 말이 쓰였는데, 이자라는 말은
19세기 말 일본이 침탈하면서 들여온 수입품이다.

빌려준 원금에 대하여 얼마의 이자를 받을 것이냐 하는 것은 시대마다
달랐다. 법정 이자율이라 하여 정부가 직접 이자의 한도를 정하기도 했
는데, 대개 이자를 물어야 하는 사람들이 가난했기 때문이다.

고려에 광학보廣學寶라는 장학 재단이 있었다(946년 설치). 불교에 입문
하여 정진하는 사람들을 돕기 위해 정부가 설치한 것이다. 이 광학보는
일정한 자금을 마련한 후 일반인들에게 돈을 빌려주고는 받는 이자로 운
영되었다. 광학보는 공공 기관이었기 때문에 법정 이자율을 적용했는데,
쌀 15두를 빌려주면 5두를 이자로 받았고, 옷감(布) 15척을 빌려주면 5

척의 이자를 받았다. 1년에 한 번씩 이자를 냈으니 연리 33퍼센트의 높은 이자였다. 백성들 사이에서 이자율이 너무 높다는 원성이 일자, 나중에는 납부한 이자의 총액이 원금과 같아지면 더 이상 이자를 내지 않고 원금만 갚도록 했다. 이를 자모정식법(子母停息法, 982년)이라 했으며, 이 원칙은 조선 시대에도 계속 지켜졌다. 요즘의 장학 재단도 설립자가 기부한 돈을 종잣돈으로 하여 거기서 나오는 이자로 사업을 하는데, 고려 시대에 그 원류를 찾을 수 있다.

농민들의 이자율은 5할이 기본

조선 시대로 넘어오면 이자의 종류가 다양해진다. 그 종류를 한번 살펴보자. 먼저 1할(十一邊). 1년에 한 번 1할의 이자를 내는 것으로, 조선 전기에 국가재정을 보충하기 위해 발행했던 공채의 이자율이다. 고려 시대의 높은 이자에 비해 조선 초기에는 낮은 이자를 받았다는 것을 알 수 있다. 다음은 2할(十二取息). 조선 후기로 오면 2배로 뛰어 공채의 1년 이자율이 2할이었다.

그리고 5할(長利). 그야말로 높은 이자지만 조선 시대 농촌에서 가장 성행했던 이자율이다. 조선 정부는 공채에는 낮은 이자율을 적용하면서 실생활에서는 높은 이자를 허용하는 모순된 모습을 보여준다. 왜냐하면 연 5할의 높은 이자를 받은 주체가 바로 궁중의 내수사였기 때문이다.

내수사는 궁궐의 회계 기관이었는데 왕실의 쌀, 베 등을 민간에 빌려주고 이렇게 높은 이자를 받았던 것이다. 이는 곧 농촌에 널리 퍼져 봄의 춘궁기에 곡식을 빌려주었다가 가을에 추수가 끝나면 5할의 이자를 받았다. 봄에서 가을까지 7~8개월 빌려주고 5할을 받았기 때문에 연리로 따지면 7할이 넘는 어마어마한 이자율이었다.

이 밖에 연리로 계산하지 않고 매월 이자를 받는 경우도 있었는데, 조선 후기에 이자놀이를 하던 사람들이 주로 사용하여 월 3~10퍼센트까지 다양했다. 연리로 따지면 36~120퍼센트에 이르는 것이니, 돈놀이를 하는 사람들이 급전을 빌려주고 막대한 이득을 취할 수 있었다. 따라서 조선 정부는 자주 이식제한령을 내려 지나친 이자로 백성을 울리는 일을 막고자 애썼다.

조선 시대 고리 방지법

조선 초기의 이식제한령은 주로 이자 총액의 상한선을 긋는 것으로, 고려 시대처럼 이자를 원금 이상 받지 못하게 했다. 연리 33.3퍼센트라면 3년까지(이자에 대한 복리계산은 나라에서 금했다.) 50퍼센트의 장리는 2년까지 이자를 받고 그 이상은 이자를 받지 못하게 했다.

그러다가 숙종 때인 1717년 이자율 자체에 대한 이식제한령이 내려졌다. 이 시기는 조선의 경제가 쌀이나 베로 돈을 대신하던 현물경제에서 점차 돈이 중심이 되는 화폐경제로 이행하던 시기였다. 따라서 돈놀이도 대단히 성행했기 때문에 정부가 이에 제한을 가할 필요가 생겼다. 1717년의 이식제한령은 돈이나 베는 연 2할, 곡식은 연 5할을 넘지 못하도록 했다. 그리고 1746년 영조 때는 돈이든 곡식이든 상관없이 연 2할을 넘지 못하도록 했다.

조선 후기에도 이자의 총액 제한은 계속되었다. 연리 2할의 이자는 3년 이상 받지 못하게 하여 이자가 원금의 6할을 넘지 않도록 했고, 5할의 장리에 대해서는 조선 초기처럼 이자 총액이 원금을 넘지 못하도록 하여 10할 이상은 받을 수 없게 했다. 그러다가 1727년부터는 어떤 이자를 막론하고 1년 이사 이상을 받을 수 없노록 했다. 어떤 이자로 빌려수었건

간에 처음 정해진 1년 이자만 받아야 했으니 10년이 지나도 1년 이자만 받는 것이 법이 되었다. 장리쌀을 빌려 먹어야 했던 가난한 백성의 입장에서 보면 더할나위 없이 좋은 법이지만, 그러나 이런 법이 실생활에서 잘 지켜졌는지는 알 수 없다.

조선 유학자들의 어두운 이면

조선의 유학자들은 상업이나 공업은 천시하면서 고리대금업에 대해서는 무던히도 관대했다. 왜? 자신들이 바로 고리대금업자였기 때문이다. 그들은 "부는 가난의 어머니인데, 만약 장리가 없으면 흉년에 가난한 백성들이 어떻게 살겠는가?"라는 논리로 5할의 장리를 오히려 옹호했다. 대표적인 사건은 조선 초의 정승 정인지에 대한 궁중의 논쟁이었다.

이때(1478년) 성종은 명망이 높고 학문이 깊은 유학자를 삼로오경(三老伍更, 왕의 스승을 일컫는 것으로 삼로 1인 오경 1인임)으로 삼으려 했다. 대신들은 삼로에 정인지, 오경에 당시 영의정이었던 정창손이 옳다고 했다. 정인지는 태종 때 관직에 나와 세종, 문종, 단종, 세조, 성종 대까지 여섯 임금을 섬기면서 벼슬이 영의정에 올랐던 사람이다. 세종 때 훈민정음 해례본 편찬에 공헌했고 문종 때는 『고려사』를 개편하는 등 학문으로도 이름이 높았다.

삼로에 임명되는 것은 대단한 영광이었다. 성종은 삼로에게는 단지 절을 받을 뿐만 아니라 스승으로 삼아 몸소 절을 하는 등 정승보다 높은 예우를 했다. 그런데 사헌부 장령 박숙달이 정인지의 축재를 언급하며 딴지를 걸었다.

"이제 정인지를 삼로로 삼으려고 하시나, 정인지는 한미寒微한 데서 일어나 오로지 재산을 불리어 치부했습니다. 삼로는 장차 왕사王師로 삼는 것인데, 이와 같은 사람이 될 수 있겠습니까? 성균관의 유생들이 정인지를 삼로로 삼는다는 말을 듣고 뭇 의논이 자자하기에 상소하여 논란하고자 합니다."

그러자 정인지와 더불어 오경의 물망에 오른 영의정 정창손은, "다른 이익이 되는 일을 관리한 것은 없고 다만 재산을 불려서 치부했을 뿐입니다. 그러나 지금의 재상으로서 누가 장리를 놓지 않겠습니까"라고 했다. 지사 강희맹도 "자공은 공자문하의 높은 제자인데도 이자로 재산을 불린 것이 기록에 남아 있습니다. 또 남들이 버리는 것을 나는 취하고 남들이 취하는 것을 나는 버리는 것이 또한 옛사람의 재산을 늘리는 길인데, 지금 정인지가 재산을 불리는 것이 무엇이 나쁩니까?"라고 했다.

며칠 후 다시 박숙달이 아뢰기를, "정인지는 성품이 본래 이를 탐해서 날마다 산업을 일삼고 그 인근 사람의 집을 다 침노하여 빼앗아 아울러 가졌으니, 만일 정인지를 삼로로 삼으면 신은 후세에 비난을 남길까 두렵습니다. 만일 마땅한 사람이 없으면 삼로와 오경을 각각 임명하지 말고 한 명으로 겸하게 하는 것이 어떻겠습니까?"라며 다시 언급했다.

그러자 영사 한명회는, "다만 정인지가 장리한다는 것을 들었을 뿐, 재산을 불린다는 것은 듣지 못했습니다. 만일 장리하는 것을 재산 불리는 것이라고 하면, 지금의 관리 중에는 재산을 불리는 자가 누가 아니겠습니까? 그리고 이웃집의 매매라는 것도 서로 합의하에 했다면 어찌 죄가됩니까?"라며 정인지를 비호했다.

임금 또한 말하기를, "비록 장리를 하더라도 백성을 해치지 않는다면 재산을 불렸다고 할 수 없고, 비록 이웃집을 아울러 차지하더라도 스스로 원하여 서로 매매한다면 또한 무슨 허물이 있겠는가? 하물며 정인지는 여섯 소성에 벼슬하여 공이 중대하고 또 큰 허물이 없음에랴. 선하여

들은 말로 경솔히 논의함은 불가하다"고 했다.

그러나 박숙달은 이렇게 주장했다. "신은 죄를 가하고자 함이 아니라 다만 재산을 불린 사람은 임금의 스승되는 것이 마땅치 않으므로 감히 아뢸 뿐입니다. 하물며 성균관 유생도 또한 불가하다고 하여 상소하고자 하기에 이르렀는데, 저들의 말도 이치가 있으므로 미친 선비라고 하여 그 말을 버리는 것은 옳지 않습니다."

반면에 동지사 서거정은 "가령 정인지가 재산을 불렸다고 해도 삼로로 삼는 데 무슨 방해가 되겠습니까? 더구나 정인지의 재주가 다른 시대에도 따를 만한 사람이 없을 정도이니 아무 문제가 없습니다"라는 주장을 폈다.

이와 같이 조정에서의 논의는 두 파로 갈라졌다. 영의정 정창손, 영사 한명회, 동지사 서거정 등 이미 벼슬이 높고 문명을 날리는 사람들은 장리로 돈을 버는 것이 아무 문제가 없음을 들어 정인지의 삼로 임명을 찬성한 반면, 젊은 관리들과 성균관 유생들은 왕의 스승으로서 장리로 치부한 것은 흠이 된다고 보았다. 성종은 결국 시끄러운 일을 피하고자 정인지의 삼로 임명을 중지했지만, 이 사건을 통해 우리는 당시 이름난 유학자들도 장리를 통해 부를 쌓는 일을 그다지 부끄럽게 여기지 않았다는 것을 알 수 있다.

이처럼 조선은 상업과 공업 등 부를 증진시키는 기초 산업을 천시하면서도, 자신들의 부를 위한 이자놀이는 옹호했다. 그리하여 조선은 이자놀이는 성하고 산업은 발달하지 못하게 되었다. 또한 대다수 백성들은 5백 년 내내 연리 5할을 넘는 고율의 이자에 고통을 당해야 했다.

영조가 여인들의
가체 사용을 금한 이유는?

국제적 명품이었던 신라 가발

경제개발 초기였던 1970년대, 가발은 우리나라에서 가장 중요한 수출 품목 중의 하나였다. 가난한 시골에서 무작정 상경한 젊은 처녀들이 수출역군이던 그 시절에 그네들의 저임금 노동력을 바탕으로 우리나라의 가발공장들은 대호황을 누렸다. 머리카락 수집상들이 시골을 돌고, 가난한 집에서는 머리를 깎아 팔아 하루 끼니를 해결하기도 했으니, 천상 가발은 우리네 가난과 상통해 있다. 그런데 이런 풍경이 천 년도 더 이전인 신라 시대에도 벌어졌다는 사실을 아는지?

신라의 가발은 명물로 국제사회에 이름이 나 있었다고 한다. 멀리 중국으로 수출하기도 했다. 가난한 이들이 머리를 깎아 팔았다는 기록도 남아 있다. 원래 우리나라에서는 가발을 '다리'라고 불렀다. 머리숱이 많아 보이게 하고, 머리 모양을 아름답게 꾸미기 위해 덧넣는 머리를 다리라고 했는데, 한자어로는 가체加髢다. 가체가 유행한 것은 통일신라 시대무렵이다. 고려 때는 원나라의 영향을 받아 더욱 유행했다. 조선 시대에

〈큰머리여인〉, 김홍도, 서울대박물관

가체를 얹은 여인이 거울을 보며 머리를 매만지고 있다. 조선의 여인에게 가체는 부의 상징이었다.
위 그림이 김홍도의 작품이 맞는지는 확실하지 않다.

들어와 가체는 부의 상징이 되었다. 그래서 너도나도 더 멋진 가체를 쓰
려고 기를 쓰게 되었다.

지나친 사치는 패가망신의 지름길

머리 사치 때문에 가산을 탕진하기도 하고 가체를 마련하지 못하면 시부
모에게 예를 드리지 못하게 하기도 했다. 지금도 딸의 혼수 때문에 기둥

뿌리가 빠지는 경우가 종종 있으니, 한국인에게 과다 혼수의 전통은 참 오래된 것이다.

성군들이 이런 유행을 그냥 놔둘 리 없다. 1756년 1월 영조는 사대부 집 부녀자들에게 가체를 금하고 족두리를 쓰도록 엄명을 내렸다. 그러자 이번에는 족두리가 더 사치스러워졌다. 가체보다 더 많은 돈을 들여 화려하게 족두리를 꾸몄다. 결국 7년 후(1763년) 영조는 다시 족두리 대신 가체를 쓰도록 명령하고 말았다.

영조의 뒤를 이은 정조도 가체 금지령을 내렸는데 선왕이 이미 한 번 실패한 경험이 있었으므로 아주 구체적인 가정의례 준칙을 만들었다. 즉 가체를 금지하고, 족두리를 쓰되 금·은·진주 같은 것으로 장식하지 못하도록 하고, 머리를 땋아 쪽머리를 하도록 했다. 하지만 지엄하신 임금님의 명령에도 불구하고 가체 금지령은 큰 효력을 발휘하지 못했다. 쪽머리는 시간이 흘러 순조 대에 가서야 정착했다.

멋이란 부리는 사람이 즐겁고, 보는 사람이 즐거우면 이미 그것으로 충분하다. 그런데 멋에 품격을 논하고 예의와 형식을 보태게 되면 멋은 체면이라는 무거운 가발을 뒤집어쓰게 된다. 그때부터 멋은 체면에 종속되어 가진 자들의 자기과시로 전락하게 되고, 죄없는 서민들만 가랑이가 찢어지게 된다. 조선 시대의 가체는 그 전형을 보여주고 있다.

노비의 몸값이 말 한마리보다 적었다고?

대대손손 이어진 노비 신세

삼국에서 조선에 이르기까지 찬란한 문화를 꽃피운 그 어떤 시대에도 노비는 단지 말하는 짐승에 지나지 않았다. 조선 초기의 성군이라는 세종과 성종 대, 후기의 태평 치세라는 영·정조 대에도 노비의 눈물은 마를 날이 없었다. 한줌도 안되는 귀족과 양반이 오로지 글 공부나 하고 국가 백년지대계 운운하는 동안 이 '말하는 짐승들'은 노동에 종사하며 주인의 필요에 따라 물건처럼 팔렸다. 양반집이면 누구나 노비를 거느렸고, 상속할 때 자식들에게 골고루 나누어주었다.

조선의 노비들 역시 대대손손 노비 신세를 면하기 어려웠다. 이에 성호 이익 같은 이는 "우리나라의 노비법은 천하에 없었던 것으로 한번 노비가 되면 백세 그 괴로움을 받게 된다"며 안타까워하고 있다.

노비들은 심지어 말보다도 값이 쌌다. 1398년 7월 6일, 태조에게 올린 형조의 보고를 보면 이런 내용이 있다.

"무릇 노비의 값은 비싸봐야 오승포伍升布 150필에 지나지 않는데 말값은 4~5백 필에 이르고 있습니다. 이것은 가축을 중하게 여기고 사람을 가벼이 여기는 것이므로 도리에 어긋나는 일입니다. 원컨대, 지금부터는 무릇 노비의 값은 남녀를 논할 것 없이 나이 15살에서 40살까지는 4백 필로 하고, 14살 이하와 41살 이상인 자는 3백 필로 하여 매매를 정해야 할 것입니다."

소 한 마리에 다섯 노비를 맞바꾸다

사람 목숨이 파리 목숨 같은 전시에는 노비의 값도 더욱 폭락했다. 임진 왜란이나 병자호란 때는 말 한 마리와 노비 열 명을 맞바꿨다고 한다. 임진왜란 당시 말 한 마리 값이 은자 열 냥 정도(전쟁에 쓰일 큰 말은 좀 더 비쌈)라고 했으니 노비 한 명의 값이 은자 한 냥에 불과했던 셈이다. 이처럼 노비는 주인이 마음대로 사고팔 수 있는 동산動産이었다. 재산상속을 할 때는 일일이 노비의 숫자를 셈하여 자식들에게 골고루 나누어주었다. 노비들은 주인집의 상속에 즈음하여 부모 자식 간에 생이별을 하기가 다반사였다.

노비 매매를 빙자하여 멀쩡한 양인을 납치해 노비로 팔아먹는 인신매매 사건이 일어나기도 했다. 숙종 44년(1718년)에 사헌부가 올린 장계를 보면 이러한 인신매매에 관한 이야기가 나온다.

북도는 원래 사람이 많이 살지 않는 지역이어서 노비의 값이 남쪽 지방보다 몇 갑절 더 비싸, 노비는 중요한 재산이었다. 이렇게 되니 인신매매범들이 남쪽 내륙으로 내려와 양민과 떠돌아다니며 빌어먹는 공천公賤, 사천私賤의 부류들을 유인하여 속여 데리고 가서 마음대로 팔고 사면서 큰 이익을 취했다고 한다. 이에 사헌부는 청하기를 도망간 노비는 일일이 캣아서 원래의 주인에게 들려주도록 하고, 불법으로 인신매매한 장사

꾼은 조사하여 반드시 잡아들여야 한다는 것이었다. 인간에게 값이 매겨지면 그것으로 장사하는 인간 역시 생기는 것이다.

19세기에 들어와 노비의 수는 급속히 줄어들었다. 그러나 여전히 노비는 주인이 마음대로 사고팔 수 있는 대상이었다. 주인 나리의 심부름을 하는 청지기, 상전이 외출할 때 수행하던 상노, 안방마님의 시중을 들며 이야기 상대를 해주는 안잠자기, 마님의 몸종인 상지기, 밥을 짓는 식모나 찬모, 바느질 하는 침모 등도 노비나 다름없었으며, 이들 역시 매매의 대상이었다. 동학혁명 당시에는 소 한 마리에 미모의 계집종 하나를 포함한 다섯 명의 노비와 맞바꾸었다.

다만 행랑아범, 행랑어멈 등이 이 시대에 생겨났는데, 비록 주인집의 온갖 시중을 다 들어주었지만 노비처럼 매매되지는 않았다고 한다.

개성상인들의
인삼 영업 비결은?

인삼을 둘러싼 한미 무역 분쟁

한국이 미국과 통상조약을 체결한 것은 1882년이다(한미수호통상조약). 이 조약의 여덟 번째 항목에 미국인이라 하더라도 홍삼을 해외로 가져가면 처벌한다고 명시되어 있다. 인삼에 대한 문제가 한국과 미국 간에 민감한 사안이었음을 엿볼 수 있다. 일이 이렇게 된 것은 한국과 미국이 중국 시장에서 인삼 수출의 치열한 경쟁국이었기 때문이다. 바로 19세기의 일이다.

인삼이 서양에 알려진 것은 그다지 오래되지 않은 일이다. 네덜란드인이 1610년 유럽에 소개한 것이 처음이고, 우리나라에 표류했던 하멜(1653~1666년)의 『하멜 표류기』에도 소개되고 있다. 그러나 동양 사람들이 인삼을 특산품으로 하여 약재로 먹고 있다는 정도이고, 본격적으로 인삼의 약효와 생태 등을 소개한 것은 중국에 왔던 프랑스인 선교사 자르투P. Jartoux에 의해서였다. 1711년 그는 본국에 보내는 보고서에 인삼에 대해 자세히 기록하고 있다. 이때부터 서양인들이 인삼에 대해 깊이

생각하게 되는데, 정작 인삼을 채취한 곳은 유럽이 아니라 풍부한 자연
이 그대로 보존되어 있던 아메리카 대륙이었다.

주요 산지는 캐나다의 몬트리올을 중심으로 한 미국 동북부 지역이었
다. 이들은 그때까지 아무도 눈여겨보지 않았던 야생 인삼을 캐기 시작
했다. 주로 인삼을 좋아하는 중국으로 수출하기 위해서였다. 그리하여
1750년대에는 대량의 미국산 인삼이 중국으로 들어와 북경이나 광동 같
은 대도시에서 조선의 무역상들과 경쟁하게 되었다. 북미산 인삼은 그
거대한 땅에서 채취되는 엄청난 물량으로 인해 조선의 무역상들을 긴장
시키기에 충분했다. 그러나 무차별한 채취로 인해 미국의 자연산 인삼은
점차 그 양이 줄어들게 된다. 그러나 조선의 인삼은 마르지 않는 샘물과
같았다. 왜냐하면 조선에서는 인삼을 재배하고 있었기 때문이다.

조선 최대 수출품, 인삼 재배의 역사

2천 년 전부터 삼의 생산지로서 동아시아에 이름을 날리던 조선은 중국
과의 무역에서 삼을 최대의 물품으로 삼아왔다.

『증보문헌비고』는 이미 천수백여 년 전에 전라도 동복에서 인삼을 재
배하기 시작했다고 적고 있다. 그러나 이것은 민간에서 전승되는 전설이
다. 또 13세기 중엽 산양삼이라는 인삼이 재배되었다는 기록도 있다. 하
지만 본격적으로 인삼이 재배되기 시작한 것은 한참 후의 일이다. 중국
과의 인삼 밀무역으로 막대한 이익을 남기고 있던 개성상인들이 인삼 재
배의 중요성을 깨닫기 시작한 후에 본격적으로 인삼을 기르기 시작했다
고 한다.

황석영의 소설 『장길산』에는 전라도 지방에서 재배에 성공한 인삼이
개성상인의 돈을 만나 대규모로 길러지기 시작하는 과정이 이렇게 묘사

되고 있다.

한 모녀가 개성상인 박대근을 찾아와 하소연한다.

"저희는 일찍이 전라도 화순에서 살았습니다. (중략) 저희 이웃 고을인 동복에서는 어떤 이가 벌써 산삼 모종을 내었습니다. 저희 바깥어른도 재배법을 익히셔서 삼포를 마련하시고는 다달이 적어놓으셨어요. 드디어 첫 재배에 성공하셔서 열 뿌리를 견본으로 골라 지니고 오셨습니다. 그렇지만 하루가 한 달이요, 한 달이 일 년이 넘어 어언 삼 년이 되도록 종무소식이라 저 혼자 저것들을 데리고 무작정으로 송도에 왔지요. 아마 노상에서 앓다가 돌아가신 게 분명합니다. 그래서 제가 주인의 어깨 너머로 보아두었던 묘포 재배를 해보고 있었습니다. 가장이 돌아오지 않으니 우리도 살 방도를 찾아야지요. 그러나 피땀으로 이루어놓은 비법을 아무에게나 알릴 수도, 팔아넘길 수도 없었습니다."

송상 박대근은 이를 눈여겨두고 송상들의 모임에 가서 인삼 재배를 역설한다.

"우리 송상은 비록 사대부의 반열에도 들지 못하고 벼슬길에 나아가 지체도 누리지 못하지만 모두들 도주공 범여 같은 경륜을 지니고 있습니다. 의주와 동래를 이어서 청과 왜를 상대로 다리 구실을 해야 합니다. 그런데 여기서 가장 유리한 상품은 뭐니 뭐니 해도 역시 인삼입니다. 산삼의 소출은 때에 따라 불규칙하여 믿을 수가 없어서 가장 유리한 품목임에도 무역상들은 꺼리고 있는 실정입니다. 그러니 산삼을 밭에다 재배할 수만 있다면 청, 왜의 물산은 모두 우리 송상의 것이올시다."

'박대근'이라는 인물은 가공의 인물이다. 그런데 『정조실록』에 의하면 박유철이라는 사람이 인삼의 재배를 기업적으로 시행했다는 기록이 있다. 전라남도 화순군 동복면 모후산 일내에서 재배에 성공했는네, 이늘 개성에서 재배하기 시작하여 개성이 인삼 재배의 중심지가 되었다는 것이다. 장길산이라는 도적은 숙종 때의 사람이니, 정조 시대보다 70~80년 전이지만 대체로 17세기에서 18세기에 즈음하여 본격적으로 개성 인삼이 재배되었다고 추측할 수 있을 것 같다. 『세종실록지리지』에는 경기, 충청, 경상, 평안, 함경도의 약재로 인삼을 기록하고 있다.

야생 인삼이 부족하기 시작한 것은 이미 고려 말엽부터라고 한다. 조선 시대에는 삼이 나는 지역 주민들이 삼을 캐서 진공하도록 했고, 이것이 백성들의 가장 큰 근심이었다고 한다. 더구나 중국은 자생 인삼이 남획으로 거의 전멸하여서 으레 조선 정부에 인삼을 요구했기 때문에 매년 중국으로 가는 사신들은 반드시 인삼을 가지고 가야 했다. 이러니 조선 정부도 백성들에게 인삼을 요구할 수밖에 없었고 인삼을 캐지 못한 백성들은 인삼을 재배하기에 이르렀다. 그리고 그 인삼 재배 기술을 상업적으로 이용하여 떼돈을 번 사람들이 바로 개성상인이었다.

18세기 중엽부터 벌어진 미국과의 무역 경쟁은 이렇게 인삼이 대량으로 재배된 이후의 일이다. 자연삼으로는 도저히 미국과 경쟁할 수 없었을 것이지만 재배에 성공했기 때문에 경쟁이 가능했다. 필요가 발명을 낳는다는 말도 있지만 인삼 진공에 대한 조정의 가혹한 요구, 그리고 개성상인들의 발빠른 대응이 오히려 전화위복이 되어 인삼은 조선 최대의 수출 상품이 되었다.

조선 시대 관리들이 봉급을 받기 위해
몰려들었던 곳은?

조선 시대의 공무원증, 고신

조선 시대에 관리가 된다는 것, 즉 국가에서 녹을 받는다는 것은 대단한
일이었다. 그것은 그 자신이 양반임은 물론 자신이 속한 가문의 자손들
이 앞으로 4대 동안 벼슬길에 오르지 못해도 떳떳하게 양반 노릇을 할 수
있다는 보증수표였다. 그럼 벼슬아치들, 즉 관리들은 이렇게 중요한 국가
의 녹을 어떻게 수령했을까?

　고신告身이라는 것이 있다. 오늘날로 말하면 임명장이자 관리의 신분임
을 증명하는 서류이다. 이 고신에 따라 이조와 병조에서는 각각 문관과
무관에게 매년 봄 녹패를 발급하는데, 여기에는 녹패를 발급한 날짜와
내역이 적혀 있고 이조나 병조의 관인이 찍혀 있었으며, 입회한 사람과
지급 기관인 광흥창의 수결이 있는 지급 의회서가 붙어 있었다.

　조선 시대의 관리들은 일 년치 급여를 2~4회에 걸쳐 곡식으로 받았다.
급여 때가 되면 팔도의 관리들이 모두 지금의 서강대 근처에 있는 와우
산 자락으로 몰려들었다. 그늘은 먼저 이조 혹은 병조에 가서 녹패를 지

급받은 다음, 녹패를 가지고 관리들의 급여 창고인 광흥창으로 가서 직접 급여를 수령했다.

　당시 한양에는 3개의 조운 창고가 있었는데 광흥창, 풍저창, 군자창이 그것이다. 광흥창과 풍저창은 서강 연안, 군자창은 용산 강변에 있었다. 각 창고에는 지방에서 올라온 조세 물품(주로 곡식)이 보관되어 있었는데 창고마다 곡식의 출신지가 달랐다. 광흥창은 전라도와 충청도, 풍저창은 황해도, 군자창은 강원도, 경상도, 충청북도의 곡식을 보관했다. 또한 각 창고의 곡식은 용도도 달라서 풍저창은 국가의 제반 경비를 맡았고, 군자창은 군량미 등 군사 용도로 사용되는 곡식을 보관했으며, 관리들의 녹봉으로 지급되는 곡식은 광흥창에 보관했다. 그래서 관리들은 녹을 타야 할 시기가 되면 모두 광흥창으로 몰려들었던 것이다.

18등급으로 나누어진 봉급표

얼마나 받았을까? 『숙종실록』에 보면 이단하라는 이가 국가 재정의 어려움을 들어 녹봉을 줄이고자 청하는 대목이 나온다. 그러자 숙종은 "우리나라 관리들은 원래 녹봉을 적게 받고 있으니 더 줄일 수 없다"고 대답했다. 예나 지금이나 공무원들의 급여는 박봉이고, 그래서 가렴주구가 일상화되었는지도 모르겠다.

　『경국대전』에 의하면 관리들의 급여는 총 18등급으로 나뉘어져 있었다. 제1과는 왕의 아들인 대군들과 정1품 최고위직 정승들의 녹봉이다. 연봉제로 일 년 동안 받을 녹을 정해놓았는데 쌀 1백 석, 옷감 32필이라고 되어 있다. 한 나라의 정승으로는 품위 유지비도 안된다. 유명한 청백리들이 벼슬에서 물러나자 조상 제사 지내기도 어려웠다는 것이 이해가 된다. 녹만 받아가지고는 절대로 부자가 될 수 없었다.

1과가 이러하니 종9품 최하위 관리들이 받는 18과는 말할 것도 없다. 쌀 14석, 옷감 4필이 전부였다. 쌀 한 석이래야 실은 오늘날의 80킬로그램들이 쌀 한 가마보다 적은 것이었으니 이것만으로는 식구들 입에 풀칠하기도 빠듯했을 것 같다. 그러니 녹을 받아 생활하는 청백리들에게는 광흥창 가는 일이 일 년 동안의 가족 생계가 걸린 중요한 일이지만, 다른 궁리로 치부에 눈을 뜬 관리들에게는 그저 준다니 받는 것이 아니었을까 싶다. 그러나 받지 않을 수도 없으니, 녹을 지급받았다는 것을 신고하지 않으면 고신, 즉 관리 임명장을 몰수했다고 한다.

녹봉은 이처럼 관리들의 급여로 충분치 않았지만 국가 재정이 워낙 빈약했기 때문에 재정 전체에서 차지하는 비중은 만만치 않았다. 명종 때의 국가 1년 총 세입이 26만 4천 석이었는데, 녹봉으로 14만 석이 지출되어 재정의 반 이상을 차지했다. 숙종 때에는 세입 30만 석 중에 녹봉이 3분의 1이라고 하니 녹봉의 절대량은 거의 비슷한 수준이되 세입이 조금 늘어난 것으로 보인다.

녹은 조선 초기에는 일 년에 2차례 지급하다가, 세종 20년(1438년)부터는 1월, 4월, 7월, 10월의 4차례로 바뀌어 숙종 때까지 이어진다. 숙종은 녹봉을 줄이자는 청을 거부한 대신 매월 지급하여, 한꺼번에 대량의 녹봉이 빠져나가는 부담을 줄이는 조치를 취한다(1701년). 이때부터 문자 그대로 월급을 받았던 것이다. 월급도 광흥창에서 받아가기는 마찬가지. 그러니 조선 시대 5백 년 내내 와우산 자락은 녹봉을 받으러 오는 관리들로 붐볐다.

300년 전, 시집간 딸도 공평하게
상속을 받았다고?

상속에서의 성차별

부친이 1991년 1월 2일 사망한 집이 있다고 가정해보자. 부친은 유산으로 호텔을 하나 남겼다. 부친 사망 후에 등기는 그대로 부친 명의인 채 어머니와 형제들이 아무런 문제없이 살았으나, 그 후 상속 문제로 약간의 다툼이 발생했다. 이 경우에 법정 상속분은 어떻게 되는가? 상속인으로 모친과 아들 둘, 딸 하나, 부친 사망 전에 출가한 장녀가 있다.

답은 이러하다. 상속은 사망으로 인하여 개시된다(민법 제997조). 상속에 관한 민법은 지난 1990년 개정되었다. 부친의 사망일인 1991년 1월 2일은 개정된 민법이 적용되는 날이다(1991년 1월 1일부터 시행). 따라서 1월 2일 돌아가신 부친의 재산은 개정 민법에 의해 상속된다. 개정 민법은 사망자의 배우자에 한해 1.5의 비율을 인정하고 나머지 자식들은 아들, 딸, 출가녀에 상관없이 각 1의 비율로 상속한다. 분수로 환산하자면 어머니가 11분의 3, 나머지 자녀가 똑같이 각 11분의 2씩 가질 수 있다.

민법 개정에 따른 상속 지분의 변천

※ 균분상속분을 1로 할 경우

1. 1959년 12월 31일 이전
- 호주 사망 시는 호주상속인이 재산 전부를 단독 상속
- 호주 아닌 가족 사망 시는 직계비속(출가녀 제외)이 균등하게 공동상속

2. 1960년 1월 1일 이후 1978년 12월 31일 까지
- 호주상속인 1.5, 동일 가적 내(출가 전) 여자 0.5, 출가녀, 분가녀는 각 0.25, 기타 상속인은 1의 비율로 상속
- 처는 직계비속(자식)과 공동 상속 시는 0.5, 직계존속(부모)과 공동상속 시는 1의 비율로 상속

3. 1979년 1월 1일 이후 1990년 12월 31일 까지
- 장남 1.5, 출가녀 0.25, 기타 자녀 1, 처 1.5의 비율로 상속
- 처는 1.5의 비율로 상속

20세기 한국에서 시집간 딸이 아들과 동등한 상속권을 갖게 된 것은 겨우 1990년대 들고부터이다. 1959년 이전에는 출가녀는 물론 결혼하지 않은 딸도 상속권이 없었고, 1960년부터 1978년까지는 시집 안 간 딸이 호주상속인(대개 장남)의 3분의 1, 출가한 딸은 6분의 1을 받았다. 1979년부터 1990년까지는 시집 안 간 딸은 장남 이외의 다른 자녀와 같은 지분을 상속받았지만, 시집간 딸은 시집 안 간 딸의 4분의 1을 상속받았다. 결국 딸, 특히 출가한 딸은 본가의 재산상속에서 대단한 불이익을 받았던 것이다. 물론 이것은 장자가 가문을 잇고, 제사 등 모든 책임을 져야

하므로 재산상속에 있어서 우대해야 한다는 전통적 관념에 따른 것이다.

보통 우리는 이런 장자상속의 전통이 대단히 오래된 것으로, 균분상속은 우리 역사상 전례가 없었던 일이라고 생각하기 쉽다. 하지만 조선의 대유학자 율곡 이이 선생(1536~1584년)의 분재기(分財記, 상속에 대해 생전에 적어놓은 것)에 의하면 그렇지도 않다.

율곡 이이에게는 모두 일곱 자녀가 있었는데, 분재기에서 그는 제사를 모실 자손에게만 약간 더 주었을 뿐 나머지 자녀에게는 거의 균분에 가까운 상속을 하고 있다. 딸의 경우, 시집간 첫째 딸은 역시 첫째라고 조금 더 주고, 셋째 딸은 남편을 잃고 혼자 사는 것이 안쓰러웠는지 조금 더 주었지만 그 액수가 크게 차이나지는 않았다.

이렇게 된 것은 다만 율곡 이이의 특별한 생각이 아니었다. 성종 때 간행한 조선의 법전 『경국대전』의 형전 사천조私賤條에는 자녀 균분상속법이 명문화되어 있다. 법률로 정해져 있었던 것이다.

수백 년 된 '균분상속'의 전통

안동 권씨인 권벌 일족의 분재기를 통해 우리는 상속에 관한 시대적 변화를 고찰할 수 있다. 권벌의 분재기는 권벌의 사후 삼년상이 지난 1550년에 자녀들이 지은 것인데, 적자녀에 대한 균분상속을 그대로 보여준다. 권벌에게는 적자녀로 2남 1녀, 서자녀로 2남 2녀가 있었는데, 적자녀에게는 출가 여부에 상관없이 균분상속했고, 서자녀에게만 차별을 두었다. 다만 제사를 지내기 위한 재산은 별도로 표시하여 장자의 상속분에 포함시켰다.

1621년, 권벌의 손자인 권래의 분재기에 와서는 조금 변동이 생긴다. 권래는 아들 셋, 딸 다섯의 적자녀를 두었는데 아들보다 딸이 조금씩 적게 상속받았다. 권래는 별도로 유서에서, 아들이든 딸이든 모두 그 형상과 기운을 부모에게서 이어받은 것이므로 정으로야 참을 수 없지만 제사를 위해 아들들에게 약간을 더 준다고 쓰고 있다. 그렇다고는 해도 딸들에게 상속한 노비의 숫자가 58~60명, 아들들에게 준 것은 64~66명, 농지도 조금씩의 차이만 난다.

17세기 후반, 권래의 아들인 권상충의 분재기(1682년)로 오면 차별이 더 심화된 것을 볼 수 있다. 권상충은 적자녀로 아들 셋, 딸 다섯이 있었는데, 딸의 몫으로는 농지를 전혀 배당하지 않고 있다. 다만 노비의 상속은 이루어졌는데 그나마 아들의 절반에 불과했다. 이 분재기의 서문에는 '적은 가산을 여덟이 균분상속하면 제사도 지낼 수 없을 터이므로 노비와 토지를 아들에게만 물려준다. 사위들도 이에 동의했다. 다만 외손자들이 곤궁하게 되는 것은 불쌍하므로 노비만은 사위에게도 나누어주기로 한다'고 적혀 있다.

그런데 재미있는 것은 5년 후 권상충의 자손들에 대한 분재기가 다시 작성되는데, 이번에는 오히려 적자녀들에 대해 어느 정도의 균분상속이 실행되고 있다는 점이다. 이 점으로 비춰봤을 때 당시의 사회적 추세가 균분상속인데, 권상충 일가만 이에 따르지 않은 데서 약간의 혼란이 있었던 것이 아닌가 추측된다. 그러나 권상충이 분재기 서문에 밝혔듯이, 이 시대부터는 늘어나는 인구에 비해 물려줄 재산의 증식이 한계에 도달함에 따라 장자상속이 점차 강화되고 있다는 것을 알 수 있다. 이리하여 18세기에 들어서서는 대체로 장자상속으로 가닥이 잡히게 되었다.

결국 17세기 말까지만 해도 적자녀는 출가 여부에 상관없이 균분상속을 받았고, 그것이 오히려 우리네 전통이었음을 확인할 수 있다. 이 전통은 아주 오래된 것으로, 신라 시대에는 왕위 계승에서도 아들과 사위, 진손과 외손 사이에 그다지 차별이 없었으며 고려 시대, 조선 시대 초기까지도 그러한 전통은 줄곧 유지되었다. 그렇게 오래된 전통이 조선 중기 이후 무너졌는데, 제사를 모시는 데 따른 부담이 가장 큰 작용을 했던 것 같다. 사실 아무리 명문가라 해도 대대손손 관리로 출세하기는 어려웠기 때문에 자녀가 많으면 세월이 갈수록 재산이 줄기 마련이다. 그에 따른 방책이 제사를 모시는 장자에 대한 상속을 늘리고 출가외인인 딸에게는 상속을 하지 않는 것이었다.

남녀 균분상속의 전통은 약 3백여 년의 세월을 건너뛰어 1991년에야 민법으로 되살아나게 되었다. 제사에 그다지 막대한 경비가 들지 않게 된 데다 남녀평등권에 대한 인식이 높아진 결과이다.

이를 통해 우리는 전통을 만드는 것은 사회적 필요임을 알 수 있다. 또 이와 같은 필요를 뒷받침하기 위해 편견이 오히려 정견으로 둔갑하여 굳어지는 경우도 허다하다. 지금도 장자상속의 편견에서 벗어나지 못하고 있는 경우가 많은 것은 생각해볼 여지가 있다.

호랑이의 날에는
반드시 장사를 했다?

조선 시대 상점들의 설 연휴

요즘에는 24시간 편의점을 비롯해서 설 연휴 기간에도 일하는 상점이 꽤 된다. 그러나 1960~1970년대만 해도 설 연휴 기간에 뭔가를 사러 상점에 간다는 것은 대단히 어려운 일이었다. 대부분의 상점은 문을 닫았고, 그나마 여는 상점도 느지막하게 잠깐 열었다가 닫기 일쑤였다. 조선 시대의 상점들은 어땠을까?

옛날에도 설날에는 모든 상점들이 문을 닫았다. 며칠이나 놀았을까? 그것은 털이 결정했다. 바로 십이 간지 동물들의 털이다.

십이 간지에는 모두 열두 마리의 동물이 나온다. 이 중 열 마리는 털 있는 동물이고 뱀과 용만 털이 없다. 당시 사람들은 우선 설날이 털 있는 짐승의 날인가, 털 없는 짐승의 날인가로 한 해의 길흉을 따졌다. 털 있는 짐승의 날이 설날이면 그해는 대풍이 든다고 믿었다. 6분의 1의 확률인 뱀과 용의 날이 설날이면 흉년이 들 징조라고 생각했다.

털 있는 짐승들의 날이라고 해서 다 좋은 것은 아니었다. 정구 풍속에 정월의 첫 십이 간지에서 쥐, 말, 돼지의 날에는 모든 것을 삼가고 함부로 무슨 일을 하지 않았다. 다른 지방에서도 그대로 지켰는지는 확실하지 않다. 다만 털 있는 짐승들 중에서도 선호도가 달랐다는 사실은 확인할 수 있다.

털 있는 짐승의 날이 장사하는 날

그래서 저잣거리의 상점들은 반드시 털 있는 짐승의 날을 잡아서 문을 열었다. 이를 모충일毛蟲日이라고 한다. 이에 대해 『동국세시기』에서는 털 있는 짐승들에게는 솜털이 많기 때문에, 장사도 솜털처럼 번창하기를 바라는 뜻에서 나온 것이라고 말하고 있다. 요즘도 장사하는 사람들에게는 '첫 손님이 여자면 재수 없다'는 등 여러 가지 금기가 많은데 당시 사람들의 풍습도 그런 금기의 하나였던 것 같다.

그렇다면 털 있는 짐승들의 날이면 무슨 날이든 상관하지 않았는가? 그렇지 않다. 털 있는 짐승들 중에도 선호하는 짐승이 있었는데, 그중에서도 호랑이의 날을 으뜸으로 쳤다. 인寅에 해당하는 날이다. 호랑이를 신성시했기 때문이기도 하겠지만 당시 사람들의 역법에 정월이 호랑이의 달이었기 때문에 특별히 호랑이 날을 선호했던 것 같다.

따라서 설 연휴 기간은 매년 달라질 수밖에 없었다. 설날 이후 첫 인일이 언제인가에 따라 연휴가 달라졌던 것이다. 그런데 여기에 또 변수가 있다.

5일, 14일, 23일은 삼패일三敗日이라 하여 사람들이 외출을 꺼리고 어떤 일도 하지 않으려 했다. 『동국세시기』는 이에 대해 옛날 임금들이 이날을 자신의 날로 생각했기 때문에 일반 백성들은 사용하지 않은 데서 유래했다고 한다. 또 8일을 패일敗日이라 하여 남자들도 외출을 하지 않았다. 중국의 음으로 8과 패敗가 같은 까닭이다. 우리가 요즘 4라는 숫자를 죽을 사死와 음이 같다 하여 꺼리는 것과 같은 이치다.

따라서 설 이후의 첫 호랑이 날이 5일이나 8일에 걸치면 이날 역시 문을 열기에는 적합하지 않은 날이었다. 그러면 한정 없이 문을 닫고 설 연휴를 즐겼는가? 그렇지는 않았다. 패일과 인일이 겹치면 할 수 없이 토끼나 소, 쥐와 같은 다른 모충일을 잡아 문을 열었다. 따라서 당시 상점들의 설 연휴 기간은 이와 같은 것을 고려하여 결정되었다. 그러나 당시에도 뜻있는 사람들은 민간의 여러 가지 금기 풍속이 일하는 날을 너무 줄여 문제가 있다는 주장을 자주 했다고 한다.

국내 최초의 양약은
부채표 활명수

19세기 말 한국 기업의 태동

요즘에는 한국 자본주의의 태동이 실학의 부흥기인 18세기 초에 시작되었다는 시각이 많다. 그러나 자본주의의 꽃인 기업의 역사는 19세기가 끝나는 숨가쁜 고비가 되어서야 비로소 시작된다. 조선의 지배권을 두고 각축을 벌이던 일본은 이미 1876년 부산에 은행을 세워 영업을 시작하였지만 한국인의 손에서 은행이나 기업이 세워진 것은 그로부터 20년이나 후의 일이다. 업종별로 보면 유통업에서는 두산그룹의 전신인 박승직상점이 1896년, 은행으로는 조흥은행의 전신인 한성은행이 1897년, 그리고 제조업체로는 오늘날 동화약품의 전신인 동화약방이 같은 해 문을 열었다.

한국 개인기업의 효시 박승직상점

박승직은 19세기 말 유명한 거상의 하나다. 전국을 무대로 면직물 유통을 하던 그는 1896년 8월 서울 배오개에 상점을 열었으니 그것이 바로 박승직상점이다. 당시 나이 33세. 이 사람이 두산그룹의 창업주인 박두병의 아버지인데, 그가 연 박승직상점은 한국 개인기업의 효시이다.

박승직상점은 면직물을 주로 취급하였는데, 날로 번창하여 전국 여러 곳에 지점을 내게 되었고, 1925년에는 주식회사로 전환하였다. 박승직의 장남 박두병은 1932년 경성고등상업학교를 졸업하고 조선은행(지금의 한국은행)에 4년간 근무한 후 1937년부터 박승직상점의 전무이사로 취임하여 경영을 시작했다. 박승직상점은 해방 후인 1946년 두산상회로 상호를 바꾸면서 오늘날 두산그룹의 모태가 되었다.

최초의 법인 한성은행

최초의 은행인 한성은행은 1897년 2월 19일 지금의 안국병원 자리에서 시작하였다. 당시의 건물은 초라했는데, 방이 두 개고 마룻방이 하나인 20평짜리 초가집이었다. 방 하나는 은행장이 사무실로 썼고, 또 하나는 은행원들이 업무를 보았으며, 마룻방에서 손님들이 대기하였다.

한성은행은 김종한이 운영하던 한성전당포를 인수하여 시작했다. 초기의 구성을 보면 은행장에는 고종의 사촌인 이재완, 부은행장에는 김종한이 있었다. 업무를 이분화하여 총무를 두 명 두어서 좌총무에 이보응, 우총무에 이완용의 조카인 한상용을 두었다. 그리고 임원이 아닌 행원은 단 한 사람이었는데, 외국인들이나 외국은행과 거래할 때는 신식장부를 써야 하지만 은행장이나 부은행장이 나이가 지긋해 새로운 장부를 이해하지 못하는 바람에 옛 방식의 장부를 따로 작성하는 일을 주로 맡기 위한 사람이었다고 한다.

주요 업무는 일본 은행에서 돈을 빌려서 그것을 다시 한국인들에게 대출하는 것으로 높은 수익을 올렸다고 한다. 그러나 곧 휴업을 했다가

1903년 2월에 합자회사인 공립한성은행으로 재설립되어 황실과 정부의 재산, 금융 업무 등을 하다가 1928년에는 조선식산은행에 흡수되었고, 1943년 동일은행과 합병하여 오늘날의 조흥은행이 되었다(조흥은행은 2006년 4월 1일 신한은행과 합병되었다).

100년 전통의 제조업체 동화약품

부채표 활명수로 유명한 동화약품이 100년 넘는 전통을 갖고 있다는 사실은 일반인에게 잘 알려져 있지 않다. 활명수도 굉장히 오래되었을 것이라는 추측 정도만 하고 있을 뿐이다. 그런데 동화약품은 1897년 9월 25일 서울 중구 순화동에 동화약방同和藥房이라는 회사를 세우고 그 첫 작품으로 활명수를 내놓았던 것으로, 1백 년이 넘는 역사를 가진다.

활명수를 만든 사람은 궁중에서 선전관을 지낸 민병호閔竝浩로 궁중 비방에 서양의학을 접목시켜 만든 국내 최초의 양약이다. 그의 아들 민강이 아버지의 발명품을 제조해 팔기 위해 동화약방을 세웠다.

동화약방은 1937년 윤창식이 인수하였고, 그 후에도 제약업이나 유관산업만의 외골수를 고집하여 동화약품에 이른다. 동화약품만큼이나 오래된 활명수는 한국에서 가장 긴 역사를 가진 브랜드로 남아 여전히 대중의 사랑을 받고 있다. 대체 의학이 양학과 한의학의 경계를 넘나들면서 21세기의 새로운 의학으로 각광받고 있는 현실을 감안하면, 우리나라 궁중의 전통 비방과 양학을 접목시켜 만든 '활명수'는 이미 1백 년 전에 새로운 분야를 개척해 두 세기를 넘어 장수하고 있는 셈이다.

조선 시대에 결혼 자금을
지원해 줬다고?

혼인 보조금을 지급한 '복지국가' 조선

조선의 독특한 구호 제도의 하나가 혼인 보조금 제도이다. 양반의 자녀
로서 혼인 비용이 없어 서른이 넘도록 혼인을 하지 못하면 나라에서 비
용을 부조하도록 했다. 이 제도를 고조顧助라고 불렀는데, 『경국대전』에
명문화되어 있으며, 그 비용은 호조에서 대도록 되어 있다.

　『경국대전』이 편찬되기 전에도 왕이 혼인 비용을 부조하도록 명을 내
린 적이 있다. 세종 6년 2월 20일에 경기감사가 "유음자손(有蔭子孫, 부모
가 벼슬을 산 경우)에게는 쌀과 콩 각 2석씩, 그 나머지에게는 각 1석씩을
혼수 비용으로 내어주게 해달라"는 청을 해와 세종이 허락한 적이 있다.
또 이듬해 11월 22일에는 지방의 수령이 관의 재물을 전용했다는 이유
로 벌을 내릴 때 혼수 비용에 쓴 것은 제외하라고 영을 내리고 있다. 다
만 모든 이들에게 부조를 한 것은 아니고, 부모가 다 죽고 생계가 어려운
양반집 자녀일 경우에 한했다.

돈이 없어 독수공방하면 국가의 책임

왕이 직접 개인의 혼사까지 관여한 이유는 무엇일까? 성종 22년에 내린 전지傳旨에서 그 이유를 찾아볼 수 있다. 성종은 집안 사정으로 혼인하지 못한 처녀들의 혼인 비용을 관에서 부담하도록 다시 명령을 내리면서 "인륜의 도리는 혼인보다 중한 것이 없고, 제왕의 정사는 원녀, 광부曠夫가 없게 하는 것이 긴요하다"라고 그 이유를 설명하고 있다. 원녀란 혼인을 못하여 원한을 갖게 된 여인을 말하고, 광부란 장년의 독신 남자를 뜻하는 것으로, 여기서 광曠이란 글자는 허송세월을 했다는 뜻이다. 즉 백성들이 혼인을 하지 못함으로 해서 원한을 갖거나 세월을 헛되이 보내지 않도록 하는 것을 왕의 중요한 정사의 하나로 생각했던 것이다.

성종은 또 말하기를 "저 옛날, 나라 다스리는 큰 법도도 모두 이를 중히 여겨 따뜻한 봄날에 남녀를 모이게 하여 적시에 혼인하게 했으니, 만물이 성장을 이루어 사람도 화목하고 기운이 화평하여 풍속이 순박하고 아름다웠으며, 음양이 그 질서를 따름에 재앙도 생기지 않았던 것이다"라고 했다.

자연의 순리에 따라 사람도 제때에 짝을 만나 음양의 화합을 해야 나라가 평안해진다는 것이다. 따라서 나라의 평안과 안녕을 책임지는 임금이 가난한 백성의 혼인 비용을 대주는 것은 하나도 이상한 일이 아니었다. 다만 그 대상이 오로지 양반집 자녀였다는 데서 조선이 철저한 양반 중심의 계급사회였음을 다시 한 번 확인할 수 있다.

대접에 깨끗한 물 한 그릇 떠놓고 서로 절하는 것으로 간편하게 혼인을 하면 무슨 비용이 들겠는가 하고 생각할 수도 있다. 그러나 사람의 일이 어디 그런가? 체통을 중히 여기던 조선 시대에 혼인 비용은 앞서 가체의 경우에서 보듯 여간 만만하지가 않았다.

요즘은 어떤가? 지난 2013년 1인당 결혼 비용은 남성 7545만 원, 여성 5226만 원이 들었다고 한다(한국보건사회연구원). 혼례 한 건당 평균 1억 2700만 원이 필요한 셈이다. 월 1백만 원씩 저축해도 10년 7개월을 꼬박 모아야 하는 어마어마한 돈이다. 그래서인지 부모의 도움을 받거나 결혼을 늦추는 젊은이가 많아졌다. 경제적 이유로 연애, 결혼, 출산 세 가지를 포기한다 하여 '삼포세대'라는 말까지 등장한 요즘, 혼사를 도와 인륜의 도리를 행하게 하는 것 역시 나랏일이라던 조선의 복지 철학이 새삼 깊게 느껴진다.

노비 신세를 면하기 위해
바쳐야 했던 쌀의 양은 420톤?

노비로 태어나 양민이 되기까지

1485년(성종 16년) 진천의 사노비 임복이라는 이가 온 나라에 흉년이 들어 정부가 몹시 근심할 때 쌀 2천 석을 납속(국가 재정의 보충 혹은 흉년 구제를 위해 곡물이나 돈을 바치는 것)했다. 참고로 쌀 1석은 약 140킬로그램의 양이다. 성종은 이 소식을 접하고 돈 있는 관리나 양반들도 스스로 납속하는 이가 드문데 노비의 신분으로 국가를 생각하는 마음이 높은 것에 감격하여 면천(노비를 면하여 양인이 되는 것)으로 상을 주고자 했다. 그러자 승지 등이 아뢰기를 "이 사람이 납속한 것은 원래 면천하여 양민이 되고자 함입니다. 비록 국가에 공이 있더라도 그 주인으로서 본다면 뜻을 거스른 한 종이며, 또 종량(從良, 양인이 되는 것)은 중대한 일이니 쉽게 그 길을 열어서는 안 됩니다"라며 반대했다.

당시만 해도 신분제도는 엄격해서 노비를 면천시키는 일은 아주 드물었다. 하지만 성종은 직접 임복을 불러 소원을 묻고는 그가 자신의 네 아들을 면전시켜달라고 청하자 그렇게 하라고 명한다. 관료들이 가만있을

리 없었다. 대사헌 이경동은 특히 적극적으로 반대했다.

"임복은 무려 여러 만 석 이상의 곡식을 쌓아놓고 있다고 합니다. 사노비가 곡식을 쌓아놓고서 거두고 흩는 것은 대부분 본주인의 물건인데, 만약 본주인의 형세가 약화된 틈을 타 간사한 무리가 그것이 자기의 물건이라고 일컬어 납속하고는 양민이 되기를 구하면 앞으로 막을 길이 없습니다. 임복은 양민이 되려고 자기 재산의 10분의 1을 내놓은 것이니 오히려 법으로 처리하여야 할 것입니다."

그러나 성종도 고집을 꺾지 않았다. 이경동에게 말하기를, 비록 축적한 재산이 많다고 하더라도 양반조차 관청에 곡식을 바친 자가 있다는 것을 듣지 못했는데 사노비가 이렇게 했으니 마땅히 포상해야 한다는 것이었다. 그후 대신들이 임복의 아들 넷을 모두 면천종량하는 것은 그 수가 너무 많다고 했는데, 그때 임복이 다시 천 석을 납속하니 네 명 모두 면천종량시켰다.

아무튼 임복은 자신의 네 아들을 면천종량하기 위해 무려 3천 석의 쌀을 바쳐야 했다(3천 석은 약 420톤). 그러나 그나마 임복 한 사람에게만 한정된 일이었다. 임복의 납속이 있은 지 한 달 후 전라도 남평에 사는 사노 가동이 2천 석을 또 납속하려 했는데 이미 대사헌 등의 반대에 시달렸던 성종은 임복에게만 특별히 허락한 것이라는 이유로 가동의 납속 자체를 거부했다. 이처럼 조선 초기 노비들의 신분 상승은 대단히 어려웠다. 비록 노비가 막대한 부를 쌓았다 하더라도 양인조차 되지 못했다. 그러나 시간이 흐르면서 이 엄격한 신분제도는 점차 흔들리기 시작한다.

확실한 통계를 내기 어렵지만 학자들은 조선 초기 노비의 수를 대체로 전체 인구의 약 3분의 1 정도라고 한다. 조선 초기의 인구가 대략 300만~500만 명 정도에 이르므로 노비의 숫자는 대략 150만 명 정도였던 셈이다. 그런데 조선 후기에 오면 노비의 수가 급격히 줄어든다. 호적 조사에 따른 연구를 보면, 대구부 호적 조사는 1760년에는 37.1퍼센트였던 노비가 1858년에는 1.5퍼센트(시카다의 연구)로 줄었고, 울산부 호적 조사에서는 1729년 26.5퍼센트였던 노비가 1804년에는 0.5퍼센트(J. N Somerville)로 감소되었다고 한다. 호적 조사의 신빙성에 의심을 품을 수도 있지만 노비가 17세기에서 19세기 사이에 급속히 감소했다는 것은 의심할 여지가 없다.

흔들리는 신분제도와 푼돈이 된 속량값

애초에 노비들이 신분을 탈피할 수 있는 길을 열어준 것은 조선 정부였다. 국가 재정이 악화되자 노비들에게 납속을 받고서 면천종량을 시행했던 것이다. 정부는 이런 노비들에게 면천첩이라는 문서를 발급했다. 하지만 임복의 예에서 보듯 초기의 납속에는 상당한 재물이 소요되었다. 그러다가 명종 때인 1553년에 경상도 지방의 흉년을 구제하기 위해 50석에서 100석 정도를 납속하면 공사 노비에게 면천종량의 혜택을 주었다.

그 후 납속 제도가 가끔씩 시행되다가 16세기 말 임진왜란 때가 되면 절정에 이른다. 전쟁이 장기화되자 조선 정부는 전국에 노비 면천첩을 가진 관리를 파견하여 납속을 받았는데, 이때의 납속량은 15석 정도였다. 납속량이 갈수록 떨어지고 있다는 것을 알 수 있다. 조선 후기에 이르면 납속은 더욱 빈번하게 이루어져 지방에 놀러가는 양반이 노잣돈 대신 노비 면천첩을 가지고 다니는 사태까지 벌어졌다.

『경국대전』에도 노비가 면천하여 양인이 될 수 있는 길을 열어놓고 있다. 그러나 그 방법은 노비가 모반 사건 등에 공을 세웠을 때, 열녀나 효자로 이름이 났을 때일 뿐으로 아주 드물었다. 그러다가 18세기 중반인

1745년의 『속대전』에서는 세태를 반영하여 납속에 의한 면천을 법으로 규정했다. 법에 의한 노비 면천의 공식 가격인 셈인데 쌀 13석, 당시의 돈으로 100냥이었다. 이때에 이르면 노비들도 돈만 있으면 얼마든지 양인이 될 수 있었다. 그러나 노비의 속량값은 노비의 매매가보다는 훨씬 높았다.

뜻밖의 한국사

초 판 1쇄 발행 2004년 11월 11일
개정판 1쇄 발행 2015년 1월 20일
개정판 2쇄 발행 2015년 7월 20일

지은이 —— 김경훈

펴낸이 —— 최용범
펴낸곳 —— 페이퍼로드
출판등록 —— 제10-2427호(2002년 8월 7일)
　　　　　　서울시 마포구 연남로3길 72(연남동 563-10번지 2층)

편 집 —— 김정주, 양현경, 김대한
마케팅 —— 윤성환
경영지원 —— 강은선

이메일 —— book@paperroad.net
홈페이지 —— www.paperroad.net
커뮤니티 —— blog.naver.com/paperroad
Tel (02)326-0328, 6387-2341 | Fax (02)335-0334

ISBN 978-89-92920-09-4 03900